日本企業の
予算管理の実態

企業予算制度研究会 [編]

中央経済社

■執筆者／執筆分担一覧

第1章	﨑　章浩（明治大学教授）	
第2章	大槻　晴海（明治大学准教授）	平井　裕久（神奈川大学教授）
	長屋　信義（産業能率大学教授）	三木　僚祐（摂南大学准教授）
第3章	市野　初芳（青山学院大学教授）	大槻　晴海（明治大学准教授）
	井上　博文（東京成徳大学教授）	山田　庫平（大原大学院大学教授）
第4章	平井　裕久（神奈川大学教授）	﨑　章浩（明治大学教授）
	小田　康治（明治大学専任講師）	成松　恭平（淑徳大学教授）
第5章	吉村　聡（流通経済大学教授）	長屋　信義（産業能率大学教授）
	建部　宏明（専修大学教授）	山浦　裕幸（千葉経済大学教授）
第6章	飯島　康道（愛知学院大学教授）	広原　雄二（上武大学准教授）
	坂口　博（元 城西大学教授）	三木　僚祐（摂南大学准教授）
第7章	﨑　章浩（明治大学教授）	

まえがき

　脱予算経営・脱予算管理が一時期謳われてきたが，われわれの調査結果はもとより予算に関する多くのアンケート調査の結果をみると，日本においては依然としてほとんどの企業が予算をマネジメントコントロールの手段として活用していることは明らかである。

　本書は，一般財団法人産業経理協会の委嘱を受けて一般財団法人産業経理協会「企業予算制度」調査研究委員会（委員長：明治大学教授　﨑 章浩）が平成24（2012）年11月に実施した「わが国企業予算制度の実態調査（平成24年度）」の調査結果をもとに，同協会の委嘱によりバブルが弾けて間もない平成4（1992）年に産業経理協会・企業予算制度委員会（代表：慶応義塾大学教授　安達和夫）が実施した「わが国企業の期間予算制度の実態調査」の調査結果，およびその10年後の平成14（2002）年に日本管理会計学会・企業調査研究プロジェクト・予算管理専門委員会（委員長：明治大学教授　山田庫平）が実施した「わが国企業予算制度の実態調査（平成14年度）」の調査結果と比較検討することにより，日本における企業予算制度の実態を明らかにすることを1つの目的としている。

　また，バブルが弾けた直後に実施された1992年調査以降，日本経済は，「失われた10年」「失われた20年」といわれるほどに予想以上の長期低迷に陥り，さらには少子高齢化社会の到来により市場規模が縮小し，グローバリゼーションの進展のためにビジネスチャンスを求めて企業の海外進出が加速していった。一方では，イノベーションが急速にかつ大規模に展開されるようになり，ますます将来への不透明感・不確実性が増してきている。そのような企業環境のなかで，日本企業の予算制度がどのように変化してきたかを，1992年調査および2002年調査と比較検討しながら，明らかにすることも本書の目的の1つである。

　さらに，2003年にJ. HopeとR. Fraserにより *Beyond Budgeting* が公刊され，日本においても予算不要論が議論されるようになり，また実際に予算を持たない企業もみられるが，今後，本当に企業予算制度が不要の時代が到来するのか

というような，日本における企業予算制度の変化の方向性を提示することも目的としている。

加えて，本調査では，ABC（activity-based costing：活動基準原価計算）や，BSC（balanced scorecard：バランスト・スコアカード）などの1980年代以降現れた経営管理手法が日本においてどの程度普及しているのかについても明らかにしている。

本調査を実施した「企業予算制度」調査研究委員会のメンバーは，次のとおりである。なお，所属・肩書は現在のものである。

委員長　　﨑　　章浩（明治大学教授）
副委員長　吉村　　聡（流通経済大学教授）
幹　事　　大槻　晴海（明治大学准教授）
委　員　　飯島　康道（愛知学院大学教授）　市野　初芳（青山学院大学教授）
　　　　　井上　博文（東京成徳大学教授）　小田　康治（明治大学専任講師）
　　　　　坂口　　博（元城西大学教授）　　建部　宏明（専修大学教授）
　　　　　長屋　信義（産業能率大学教授）　成松　恭平（淑徳大学教授）
　　　　　平井　裕久（神奈川大学教授）　　広原　雄二（上武大学准教授）
　　　　　三木　僚祐（摂南大学准教授）　　山浦　裕幸（千葉経済大学教授）
　　　　　山田　庫平（大原大学院大学教授）
研究補助者　内村　俊弥（明治大学大学院博士前期課程当時・現在は税理士有資格者）

本調査に基づく分析結果は，雑誌『産業經理』第73巻第1号より第74巻第2号まで6回にわたって掲載されている。そして，これら6編の論文を加筆修正し，これに予算管理概説の章を新たに加えて本調査結果の集大成として2016年に『わが国企業における予算制度の実態調査報告書（2012年11月実施）』が一般財団法人産業経理協会により刊行されている。本書は，同書をさらに加筆修正したものである。

なお，本調査にご協力いただいた各企業，ならびに本調査の機会を与えて下さり，かつまた本書の刊行をお許し下さった一般財団法人産業経理協会に改め

て感謝する次第である。とくに，事務理事・事務局長の小野 均氏ならびに，この間編集を担当していただいた田代恭之氏には，本調査の実施から本書の発行にいたるまで大変お世話になった。心から謝意を表する次第である。また，末筆ながら，本書の出版をご快諾いただいた株式会社中央経済社 代表取締役社長 山本 継氏，ならびに編集担当の取締役専務 小坂井和重氏にも深く感謝申し上げたい。

2017年12月

企業予算制度研究会を代表して

﨑　章　浩

目　　次

第1章 予算管理概説 ……………………………………………… 1

1　予算管理の意義／1
2　短期利益計画の設定と予算編成との関係／4
3　予算管理の機能／5
4　予算の体系／7
5　予算編成／7
6　予算統制／11
7　脱予算経営／12

第2章 アンケート調査の集計結果 ……………………………… 15

■はじめに／15
1　本調査の概要／16
　(1)　調査目的／16
　(2)　調査の対象・時期・方法・回収率／16
2　回答企業の概要／17
3　予算制度の基礎的事項／19
4　予算編成／23
5　当初予算の点検・修正／25
6　予算実績差異分析／26
7　予算制度の現状認識と改善策／27
8　情報システム／27
9　ABC，ABM，ABBおよびBSC／28
10　連結ベースのグループ予算／29
■おわりに／30

第3章 企業予算制度の基礎的事項に関する分析 ……… 33

■はじめに／33
1　予算編成の目的／34
2　経営計画と予算との関連／42
3　予算委員会・予算期間／49
4　企業規模・業種・組織形態・業務形態と企業予算制度／53
■おわりに／60

第4章 予算編成に関する分析 ……… 65

■はじめに／65
1　予算編成方針の策定／65
2　予算編成における部門の参加／70
3　部門予算案の作成と調整／73
4　予算原案作成上の基本的目標／76
5　予算編成上の重大な障害／79
6　当初予算の点検・修正／81
■おわりに／86

第5章 予算実績差異分析の実際と予算制度の問題点 ……… 89

■はじめに／89
1　予算実績差異分析の意義／89
2　予算実績差異分析と業績評価／93
3　予算実績差異分析の問題点／102
4　予算制度の問題点と展望／106
■おわりに／114

第6章 日本企業の予算管理への新技法の導入に関する分析 ----- 117

■はじめに／117

1　予算管理におけるIT化の進展と
連結ベースの予算管理の実施状況／118
　(1)　ERPの導入とその予算管理への活用状況／118
　(2)　連結ベースの予算管理の実施状況／122

2　ABC，ABM，ABBおよびBSCの導入状況／124
　(1)　本調査（2012年調査）の分析／124
　(2)　ABC，BSCの導入に関する過去の実態調査／126

3　事例研究／132
　(1)　ABC活用の事例（A社）／133
　(2)　BSC活用の事例（B社）／137

4　考　察／142

■おわりに／144

第7章 バブル崩壊以降の企業予算制度の動向 ----- 147

■はじめに／147

1　予算と経営計画との関係／147

2　予算編成／155

3　予算統制／168

4　予算制度の満足度と今後の展望／173

■おわりに／177

〔付録1〕　わが国企業予算制度についてのアンケート調査／項目・183
〔付録2〕　わが国企業予算制度についてのアンケート調査／単純集計結果・193

第1章　予算管理概説

1　予算管理の意義

　21世紀に入り，少子高齢化社会の到来と経済のグローバル化の進展により日本の企業を取り巻く経営環境は大きく変化してきている。少子高齢化社会は国内において労働力不足と国内市場の縮小をもたらし，経済のグローバル化の進展により日本の企業はビジネスチャンス（事業機会）を求めて海外進出を活発化している。その結果，日本の企業は規模の大小を問わずさまざまな理由から海外進出を加速させており，多くの企業ではグループの売上高や純利益に占める海外での割合が過半数を超えている。

　このように，現在，日本の企業はグローバルな競争環境に晒されており，その激しい競争を勝ち抜くために，組織のミッション（社会的使命）を果たすよう，トップ・マネジメントが描く長期的なビジョン（戦略的な目標，企業の将来のあり方）のもと経営戦略を策定し，それを実現するために中長期経営計画を，さらには中長期経営計画に基づいて短期利益計画を策定している。

　短期利益計画は事業計画ともいわれ，中長期経営計画を受けて作成される企業の全体的な総合計画である。短期利益計画では，企業の経営戦略や中長期経営計画を勘案しながら，経済環境の予測や自社の経営資源の制約などの諸条件を考慮して，次年度の目標利益をいくらにするか，それをいかにして実現するかを計画する。予算はこの事業計画である短期利益計画を実現するために編成される経営管理のための要具であり，短期利益計画が事業計画であるのに対し

て，予算は事業計画に資金的な裏付けを提供する財務計画（業務計画）であるといえる。以上の関係を図示すると，**図表1-1**のとおりである。なお，短期利益計画と予算との関係については，後述のように，短期利益計画を予算編成の一部と考える見解と，短期利益計画と予算編成を区別し短期利益計画を予算の前提と考える見解があり，前者の予算編成の一部とする考え方を表すために両者を □ で囲んである。

[図表1-1] ミッションから予算まで

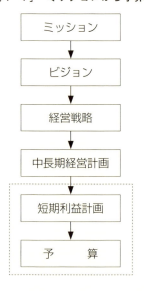

　この予算を用いて一連の経営活動を管理する手続が予算管理であり，予算制度，予算統制などと呼ばれる。予算管理は，アメリカにおいて1920年代に生成した経営管理手法であり，予算管理の最初の著書であるJ. O. マッキンゼー（J. O. McKinsey）の『予算統制論（*Budgetary Control*）』が公刊されたのが1922年である。マッキンゼーの書名が示すように，予算管理は当初 budgetary control と呼ばれ，わが国では予算統制と訳出されたが，その後，とりわけ第二次大戦後は budgeting なる呼称が用いられるようになり，日本においても

1960年代の後半から予算統制に代えて予算管理という呼称が使われるようになった。それは，第3節で述べるように，予算管理には基本的に計画設定，調整，統制の3つの機能があり，予算管理は当初統制機能に重点がおかれていたところから，そのことが反映されて budgetary control といわれていた。しかし，第二次大戦後，計画設定機能が重視されるようになり，そのことが反映されて budgeting あるいは budgetary planning and control という名称が用いられるようになってきた。

それでは予算管理とはどのような経営管理手法であるのか。

予算管理では，①経営活動の目標としての予算を編成し（P），②編成した予算を達成目標に経営活動を指導・調整し（D），③経営活動実施中あるいは実施後に予算実績差異，ならびにその差異原因を分析して上位の経営管理者に報告し（C），④次期の是正措置を講じる（A）。つまり，予算管理は予算を用いた PDCA サイクルにしたがったマネジメント・コントロールシステムといえる。そして，予算管理は予算編成（①）と予算統制（②，③，および④）からなる。以上を図示すると，**図表1-2**のとおりである。

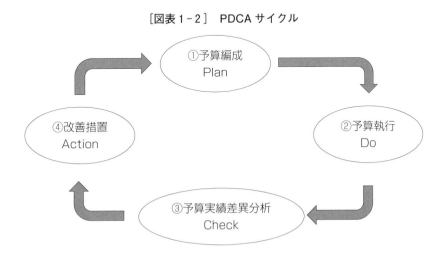

［図表1-2］　PDCA サイクル

このように予算管理では予算を編成し，それを手段として経営活動を統制する経営管理手法であるが，それでは，そこで用いられる予算とはどのようなものであろうか。原価計算に関するわが国唯一の基準である『原価計算基準』（以下『基準』という）によれば，「予算とは，予算期間における企業の各業務分野の具体的な計画を貨幣的に表示し，これを総合編成したものをいい，予算期間における企業の利益目標を指示し，各業務分野の諸活動を調整し，企業全般にわたる総合的管理の要具となるものである。予算は，業務執行に関する総合的な期間計画であるが，予算編成の過程は，たとえば製品組合せの決定，部品を自製するか外注するかの決定等個々の選択的事項に関する意思決定を含むことは，いうまでもない」（『基準』1(4)）と定義されている。

要するに，予算とは，予算期間における各部門の達成目標および企業全体の達成目標を明示し，企業全体としての経営活動の方向性を指示した企業全般にわたる総合的管理の要具であり，一定の経営構造のもとでの経常的な業務の執行に関する業務計画である。また，予算期間における各業務分野の諸活動の計画を総合調整して策定された企業活動全体の期間計画でもある。さらには，特定目的に対して公的に承認された支出限度額を意味する公共予算とは異なり，企業予算は弾力性がきわめて重視され，予算編成時に前提とした基礎的諸条件が期中に大きく変化した場合には，必要な修正が速やかに行わなければならない。

2 短期利益計画の設定と予算編成との関係

短期利益計画と予算編成との関係については，2つの見解がある。

1つはアメリカ文献によくみられる見解であり，短期利益計画を予算編成の一部とみなす考え方である。つまり，予算編成自体が短期利益計画設定の具体的手段であり，利益計画に他ならないとみる見解である。経営のやり方が基本的にはトップダウン方式であるアメリカの企業では一般的であるといわれている。

もう1つの見解は，予算は短期利益計画に基づいて編成されるという見解である。つまり，予算はあらかじめ策定された短期利益計画の予算編成方針に基づいて各部門を中心にして編成されるものであり，ボトムアップ方式による慣行が確立されている日本において一般的な方法であるといえる。

　なお，前者の方法では，トップ・マネジメントの意向が予算に反映されるが，現場の意見が反映されにくいという欠点がある。それに対して，後者の方法では，短期利益計画と予算編成が段階的に区分されるので，現場の意見が予算編成において効果的に反映されることからより適切な方法といえるが，予算編成において手間とコストがかかるといった批判がある。

3　予算管理の機能

　予算管理は，計画設定，調整，統制という経営管理活動に貢献するところから，これらの3つの機能を有するものと一般に考えられている。

　予算管理は，前述のように，予算編成と予算統制からなる。そして，予算を編成するということは，将来の一定期間にわたり経営諸条件を勘案したうえで全社的な目標の達成に向けて，製品組合せや部品の自製・外注の決定等個々の選択的事項に関する意思決定を含む各業務分野の諸活動を計画すること（『基準』1(4)）であり，予算編成は計画設定そのものであるといえる。その意味で予算管理には計画設定機能があると考えられる。また，予算を編成することにより全社的な目標の達成に向けて限られた経営資源を効果的・効率的に配分することが可能となる。

　また，「予算とは，予算期間における企業の各業務分野の具体的な計画を貨幣的に表示し，これを総合編成したものをいい，予算期間における企業の利益目標を指示し，各業務分野の諸活動を調整し，企業全般にわたる総合的管理の要具となるものである」（『基準』1(4)）と規定されているように，予算管理には調整機能がある。このような調整機能は，予算の編成および執行の過程を通じて，一方では，購買，生産，販売などの各業務分野，つまり職能部門間の水平

的調整として，他方では，本社と事業部，部と課などの上位と下位間の垂直的調整として果たされる。調整機能は期中の執行過程において他部門との交渉を行うさいに果たされることがあるが，とくに調整機能が重要なのは予算の編成過程である。予算の編成過程における調整機能により各業務分野の部分目標を全社の全体目標に一致させることができる。また，予算を媒介つまり共通言語として水平的調整および垂直的調整が図られることから，予算にはコミュニケーション機能があるといわれている。

　さらに，予算管理は当初予算統制 budgetary control と呼称されていたように，もともと予算には統制機能が備わっている。この統制機能は事前統制，期中統制（日常的統制），および事後統制として機能する。

　予算は各業務分野つまり各職能部門が達成すべき目標を指示するものであり，予算が承認されれば，現場管理者すなわち予算執行者は目標として設定された予算にしたがって諸活動を指揮し指導するが，その予算の編成にあたって現場管理者を積極的に参加させることにより予算目標の達成に向けて動機づけることができる。このように設定された予算を現場に示達し，現場管理者にそれを達成するよう動機づけることを事前統制という。

　また，期中における予算執行過程において，現場管理者は予算に基づいて諸活動を指揮し指導するが，その過程で目標から逸脱しないよう統制する必要がある。それが期中統制である。つまり，期中においても予算の執行状況を実績として把握し，それを予算と比較することにより目標から逸脱していないかを確認し，逸脱しているときには目標を達成するよう誘導する必要がある。そのさい，予算を編成するさいの前提となった経営諸条件が大きく変化しているようなときには，比較する予算を修正することもある。

　そして最後に，業務活動実施後，活動結果としての実績を認識・測定し，それを予算と比較して予算実績差異を算定・分析して，予算執行者である現場管理者の業績を評価し，必要があれば，是正措置をとる。これが事後統制である。業績を評価するさいにも，期中統制の場合と同様，予算編成の前提であった経営諸条件が大きく変化していれば，実績と比較する予算を改訂することが必要

である。

4　予算の体系

　予算管理を有効に実施するためには，適切な体系が必要である。予算の体系とは，総合予算とこれを構成する部分予算とが一定の基準に基づいて有機的にまとめられた予算の全体をいう。予算の体系は業種，企業規模の相違等により種々の形態があるが，その一例を示せば**図表1-3**のとおりである。

[図表1-3]　予算の体系

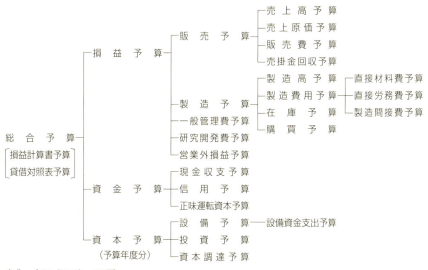

出典：吉田（1971），133頁。

5　予算編成

　上述のように，予算管理は予算編成と予算統制からなり，予算編成は予算統

制に先行するプロセスである。それは生産，販売，購買，財務など企業における個々の活動領域の業務計画（実行計画）を，企業の全体目標である利益目標に合わせるように調整し，貨幣数値を用いて企業の総合計画として体系的にまとめあげるプロセスである。

予算は，通常，1年または6カ月に一度編成される。その場合，1年または6カ月の予算を月別に編成されることがあるが，また1年または6カ月の予算を基本予算として編成し，向う1カ月または4半期について月次予算を編成し，これを実行予算とすることもある。

予算編成の手順を示せば，次のとおりである。

(1) 中長期経営計画に基づいて利益目標を設定する。
(2) 利益目標を達成できるような大綱的短期利益計画を策定する。
(3) 大綱的短期利益計画に基づいて予算編成方針を決定し各部門に示達する。
(4) 予算編成方針に基づいて各部門において部門予算案が作成され，予算担当係に提出される。
(5) 予算担当係により各部門予算案が予算編成方針に照らして全社的視点から総合的に調整され，これらの部門予算案に基づいて総合予算案が作成され，予算委員会に提出される。
(6) 予算委員会により部門予算案と総合予算案が検討・調整され，社長または常務会により決定される。

予算編成の一般的な手順は上記のとおりである。このように予算編成方針に基づいて現場管理者に部門予算案を主体的に作成させ，これを総合して全体の総合予算案を編成する方式の予算をボトムアップ予算（積み上げ型予算）といい，これまで日本においては一般的な方法であるといわれてきた。他方で，トップ・マネジメントが予算担当係に一方的に予算を査定させ現場に強制させる方式の予算があり，それはトップダウン予算（天下り型予算）といわれる。

ボトムアップ方式には現場の声が反映される，予算執行者が動機づけられる，というような長所がある反面，手間とコストがかかる，短期利益計画との整合

性を欠く，といった短所があり，トップダウン方式にはトップ・マネジメントの意向が予算に反映される，予算が迅速に編成される，というような長所がある反面，トップへの不満や不信感が高まる，予算が現場に無視される，といった短所があり，どちらにも一長一短がある。

　次に，**図表 1 - 3** をもとに予算の編成手続を示せば，以下のとおりである。
⑴　予算の編成は販売予算のうちの売上高予算案の作成から始まる。
⑵　売上高予算案が決定されると，その販売計画に基づいて製造予算案を作成する。
⑶　製造予算案の作成にあたってはまず在庫予算案を作成する。すなわち，製品の適正在庫量等を考慮して製品在庫予算案を，材料の適正在庫量等を考慮して材料在庫予算案を作成する。
⑷　売上高予算案と製品在庫予算案に基づいて製造高予算案を作成する。
⑸　製造高予算案に基づいて製造費用予算案，すなわち直接材料費予算案，直接労務費予算案，製造間接費予算案を作成する。
⑹　製造費用予算案，在庫予算案に基づいて購買予算案を作成する。
⑺　製造予算案に基づいて売上原価予算案を作成する。
⑻　他方で，売上高予算案に基づいて販売費予算案，売掛金回収予算案を，過去の実績等を考慮して一般管理費予算案を，トップ・マネジメントの経営方針，財務方針等を考慮して研究開発費予算案，営業外損益予算案を作成する。
⑼　以上の諸予算案，および設備予算案，投資予算案等を斟酌して，現金収支予算案，信用予算案等を作成する。
⑽　最後に，上記の諸予算案のうちの損益に関する諸予算案に基づいて損益計算書予算（見積損益計算書），上記の諸予算案のうちから貸借対照表予算の作成に関係する当期取引高を前期末貸借対照表の金額に加減して貸借対照表予算（見積貸借対照表）を作成する。

　以上のように予算編成プロセスは進められるが，この手続は前進的にのみ進

められるわけではなく，予算編成方針と各部門予算案との調整（垂直的調整），および各部門予算案間の調整（水平的調整）を繰り返しながら，つまり予算担当係と現場管理者（予算執行者）との間でキャッチボール（擦り合わせ）を繰り返しながら，前進，後退，前進という複雑なプロセスをとる。このことが脱予算経営の支持者による予算には手間とコストがかかるという批判の対象となっているが，他方で，現場管理者すなわち予算執行者が積極的に予算編成に参加することで，予算執行者の活動を目標の達成に向けて動機づけるという，プラスの面がある。

このように，予算編成に関する意思決定に現場の管理者が参加を許される予算編成の方法を参加型予算管理というが，櫻井（2015, 207頁）によれば，行動科学の観点からその利点を3つに集約することができるという。

(1) 仕事にやりがいを与え，管理者に責任感をもたせる。
(2) 自らが参加して決めた予算であるから，自らの目標として喜んで受け入れる可能性が増す。
(3) 経営者と現場管理者，機能を異にする管理者間におけるコミュニケーションを高め，円滑な仕事ができるようになる。

他方で，櫻井（2015, 207頁）は次のような短所，限界もあるという。

(1) 参加は，国民性，文化基準，所得基準，地域性，あるいは個人によって異なり，必ずしもすべての状況で有効に働くとは限らない。
(2) 参加的予算管理を導入したからといって，それだけで希求水準が高まるとはいえない。企業内にやりがいをもたせるような環境がつくられていなければならない。
(3) 真の参加ではなく，疑似参加では意味がない。たとえば，予算委員会に参加を許しても，トップだけしか発言ができないような雰囲気があっては，参加がないのと同じである。
(4) 参加が許されているだけではなく，参加して発言したらその発言内容を会社がしっかりと受け止めて，手続として実施に移すといった会社側の誠実な姿勢と行動が確保されていることが必要である。

このように参加型予算管理にはメリットだけでなく，デメリットや限界もあるが，日本においては国民性や日本企業の特質からいって，参加型予算管理のメリットは大きいと考えられる。したがって，上記のデメリットや限界を十分に斟酌したうえで活用すれば，参加型予算管理は有効な経営管理手法になるといえる。

6　予算統制

　予算統制は，予算に基づいて経営活動を統制するプロセスである。第1節あるいは第3節において述べたように，予算管理は当初，予算統制 budgetary control と呼ばれ，予算による統制（予算統制）のプロセスに重点がおかれていたが，今日では予算統制は，予算編成とともに，予算管理の内容を構成する一部分領域と解されるのが一般的である。

　そこで予算統制について，その手続過程を段階的に示せば，次のようになる。
(1)　予算を現場管理者すなわち予算執行者に適切に示達し，予算目標の達成に向けて動機づける。
(2)　現場管理者は予算目標を達成できるように執行活動を指導・調整し，また期中において予算の執行状況すなわち実績を測定しそれを予算と比較するとともにその結果を関係者に報告し，必要な場合には予算を修正する。
(3)　期末に予算実績差異分析を行う。すなわち，①実績を測定しそれを予算と比較して差異額を算定し（差異額の算定），②その差異発生の原因を明らかにし（原因分析），③その差異発生の責任はだれにあるかを明らかにする（責任分析）。
(4)　(3)の予算実績差異分析の結果を関係者へ報告する。
(5)　(3)の予算実績差異分析の結果に基づき，現場管理者の業績評価を行い，また必要な改善措置を講ずる。
(6)　次期の予算をより精度の高い予算へと質を高め，一層合理的に編成できるように，(3)の予算実績差異分析に関するデータを次期の予算編成に

フィードバックする。

　第3節で述べたように，予算統制は通常，それが適用される時点に基づき，事前統制，期中統制（日常的統制），事後統制の3つに区分される。上記の予算統制の手続過程のうち，(1)が事前統制，(2)が期中統制，(3)〜(6)が事後統制に相当する。とくに，PDCAサイクルからみれば，やり方，方法論等の進化・改善を促進する(6)の情報のフィードバックが重要であるといえる[1]。

　また，予算統制をその内容からみれば，それは予算執行者の活動を予算目標の達成に向けて動機づけるという「モチベーション・コントロール」と「予算実績差異分析によるコントロール」とからなる。モチベーション・コントロールは事前統制と期中統制とにおいて行われ，予算実績差異分析によるコントロールは期中統制と事後統制とにおいて行われる。

7　脱予算経営

　J. ホープとR. フレーザー（J. Hope & R. Frazer, 2003）が『脱予算経営（*Beyond Budgeting*）』の中で手間とコストのかかる予算を時代に即した新しいマネジメント・コントロールのシステムに代えるべきである，と主張してから，10年余りが経過した。同書では，「予算は手続が煩雑で多額のコストがかかる」「予算は現代の競争環境とはマッチしていない」「『数値のゲーミング』にあまりにも多くの努力が向けられるようになった」と予算が批判され，また櫻井（2015, 212頁）によれば，現在の予算管理に対する批判として，おもに「予算は弾力性が欠ける」「予算編成とコントロールには手間とコストがかかる」「現代の環境が激動する競争環境の下では，予算管理は変化の激しい経営の速度についていけない」の3つのことが挙げられるという。このような予算不要論が出現した背景には，バランスト・スコアカードが予算に代わって用いることができるのではないかという期待感や，経営の効率化を求める経営のニーズ，利益計画に予算編成の機能を代替させている企業がある，などのためと思われるという。

それでは，日本における企業経営において予算管理は本当に不要であるのか。

たとえば，「弾力性が欠ける」という批判に対しては，今回の調査結果でも明らかなように，「予算の適時点検・修正」「一定限度の臨時的予算外支出の容認」「一定条件での予算の流用」などの弾力性を保持する施策を多くの企業は採用することで対応していると考えられる。また，「変化の激しい経営の速度についていけない」という批判には，今回の調査結果には，予算の最小期間の短縮化の傾向がみられ，こうしたことにより対応していると考えられる。さらには，「手間とコストがかかる」という点については，ERPの導入が進んでいること，そのメリットとして最も多くの企業が回答したのが「差異分析の原因解明に要する時間の減少」であったことに鑑みると，今後は少しずつではあるが解消されていくのではないだろうか。また，手間がかかるのは上記のキャッチボール（擦り合わせ）が大きな要因であり，それが予算を経営管理の有効な手段にしていると考えると，一概にマイナスとはいえないといえる。とはいえ，今回の予算制度の満足度に関する調査結果をみると，満足しているという回答が3割強にすぎなく，他方で3割弱の企業が不満であると回答しており，まだまだ改善の余地があると考えられる。

以上，本章においては予算管理について概説した。次章以下においては，われわれが2012年に実施した日本企業の予算制度に関するアンケート調査の結果をもとに，1992年調査，2002年調査との比較をとおして，この20年間における企業予算制度の変化と現状を明らかにするとともに今後の方向性を探究することにする。

[注]
(1) PDCAサイクルにおけるActionの意味については稲田（2016）を参照されたい。

第2章 アンケート調査の集計結果

はじめに

　「まえがき」でも述べたように，一般財団法人産業経理協会「企業予算制度」調査研究委員会は，一般財団法人産業経理協会からの委嘱を受け，平成24(2012)年11月に「わが国企業予算制度の実態調査」を実施した。

　本調査の目的は，日本経済が「失われた10年」が「失われた20年」といわれるほどに，予想以上の長期低迷に陥り，企業の海外進出が加速しているような企業環境のなかで，日本の企業予算制度がどのように変化してきたかを，平成4(1992)年調査，および平成14(2002)年調査と比較検討しながら，明らかにすることにある。さらには，2003年にホープとフレーザー (J. Hope & R. Frazer) により『脱予算経営』(*Beyond Budgeting*) が公刊され，日本でも予算不要論が議論されているが，企業予算制度が本当に不要であるのかというような，日本の企業予算制度の変化の方向性を提示することも目的としている。加えて，本調査では，ABC (activity-based costing：活動基準原価計算) や，ABB (activity-based budgeting：活動基準予算)，BSC (balanced scorecard：バランスト・スコアカード) などの新たな経営管理手法が，現在どの程度普及しているのかについても調査している。

　3つの調査の詳細な比較検討は次章以降で行うこととし，本章ではわれわれが実施した2012年調査の単純集計結果に基づき，各セクションの主要な質問事項について分析・検討し，日本企業における予算管理の実態を概観する。なお，

本文中の〔 〕内の数字は質問番号を示している。例えば，調査票の質問Ⅱの1は〔Ⅱ-1〕と示してある。

1 本調査の概要

(1) 調査目的

本調査の目的は，上述のとおり，日本経済が長期低迷に陥り，「失われた10年」とも「失われた20年」ともいわれるような企業環境のなかで，日本企業の予算制度がどのように変化してきたかを，10年おきに実施された，平成4(1992)年に産業経理協会（当時）・企業予算制度委員会が実施した「わが国企業の期間予算制度の実態調査」（以下，1992年調査と呼ぶ）[1]および平成14(2002)年に日本管理会計学会・企業調査研究プロジェクト・予算管理専門委員会が実施した「わが国企業予算制度の実態調査（平成14年度）」（以下，2002年調査と呼ぶ）[2]と比較検討しながら，明らかにすることにある。

(2) 調査の対象・時期・方法・回収率

本調査は，一般財団法人産業経理協会の協力の下，①協会会員企業469社および②協会非会員企業で東京証券取引所第一部・第二部上場企業470社（計939社）の経理担当責任者（経理担当取締役，経理部長，経理課長など）を対象として，平成24年11月16日に，郵送により質問票[3]を送付した（回答期限：12月20日）。結果として，質問票を送付した939社のうち185社から回答[4]が得られ，回収率は19.7％であった。

なお，②の調査対象企業470社は，1992年調査および2002年調査の結果と比較可能にするために，東洋経済新報社『会社四季報』の業種分類による機械，電気機器，輸送用機器，精密機器の4業種の企業と，サービス産業の企業を加えたものである。

2 回答企業の概要

　回答企業の概要を，業種，規模（売上高，総資産額，資本金額および総人員），決算，組織形態および業務形態についてみていく。

　まず，業種については，製造業が60.9％（179社中109社），非製造業が39.1％（同70社）であった。製造業では，「化学」10.6％（179社中19社），「電気機器」9.5％（同17社），「建設」7.8％（同14社）の順で多く，非製造業では，「卸売業」10.6％（同19社），「サービス業」5.6％（同10社），「小売業」5.0％（同9社）の順で多かった。

　次に，規模について，売上高からみると，平均が4,403億円で，1,000億円以上が45.7％（175社中80社），1,000億円未満が54.3％（同95社）であった。より詳細には，1,000億円以上2,000億円未満が15.4％（175社中27社），1兆円以上が10.3％（同18社），100億円以上200億円未満が9.7％（同17社），100億円未満が9.1％（同16社），200億円以上300億円未満が8.6％（同15社）の順で回答割合が多く，これらで全体の5割以上を占めている。このことから，本調査の回答結果は大別して，100億円台前後，1,000億円台および1兆円以上という比較的規模の異なる3つの群による回答割合が多くなっている。

　また，総資産額は，平均が6,648億円で，1,000億円以上2,000億円未満が11.9％（176社中21社），1兆円以上が11.4％（同20社），100億円以上200億円未満と200億円以上300億円未満がともに8.0％（同14社），300億円以上400億円未満と100億円未満がともに6.8％（同12社）の順で回答割合が多く，おおよそ売上高と同様に，100〜200億円台前後，1,000億円台および1兆円以上という比較的規模の異なる3つの群による回答割合が多くなっている。

　資本金額については，平均が415億円で，50億円以上100億円未満の16.9％（178社中30社），100億円以上200億円未満の14.6％（同26社）と40億円未満の38.2％（同68社）で全体の7割を占めている。本調査の回答結果は，200億円未満の資本金を有する規模の企業による回答割合が多くなっている。

最後に，総人員をみると，平均が5,111人で，1,000人以上が53.7％（175社中94社），1,000人未満が46.3％（同81社）であった。回答割合は，選択肢にある「5万人以上」から「100人未満」まで1～6％前後の割合でおおよそ均等にばらついているようにみえるが，1,000人以上2,000人未満の割合が18.9％（175社中33社）と突出して高い。

　ここで，母集団の違いから単純には比較できないが，おおよその動向を知るため，これまでの調査と比較し変化を追ってみたい[5]。回答企業の売上高の平均額は，1992年調査では8,568億円，2002年調査では2,851億円，本調査では4,403億円であり，回答企業がバブル崩壊後の不況を乗り越え，業績を回復してきたことがわかる。また，総資産額の平均額は，1992年調査では6,971億円，2002年調査では4,055億円，本調査では6,648億円であり，資本金額の平均額は，1992年調査では485億円，2002年調査では317億円，本調査では415億円であった。これらの結果をみると，回答企業がバブル崩壊前の財政規模にまで回復してきた状況が窺える。

　続いて，決算については，四半期決算が84.5％（181社中153社）と最も多く，年次決算が60.2％（同109社），月次決算が33.7％（同61社），半期決算が18.2％（同33社）であった。1992年調査では決算に関する設問がなく，また，2002年調査とは集計方法が異なるため，本調査の有効回答数を2002年調査に合わせて重複回答数全体として比較すると，四半期決算の回答割合は，2002年調査の9.2％（316回答中29回答）から43.0％（356回答中61回答）へと大幅に増加し，それに対して半期決算の回答割合は，2002年調査の36.7％（316回答中116回答）から9.3％（356回答中33回答）へ大きく減少し，割合が逆転している。これは，2008年金融商品取引法の施行における四半期決算の義務化や四半期決算短信における3カ月ごとの業績予想開示要求の影響により，その重要性の観点から四半期決算が半期決算に取って代わったことを示していよう。

　加えて，組織形態については，事業部制組織が67.6％（182社中123社）と最も多く，職能別組織が20.3％（同37社），マトリックス組織が5.5％（同10社）であった。カンパニー制や持株会社制は，両者を合計して13.2％（同24社）であっ

た。これら組織形態をこれまでの調査と直接比較可能なものについてみると，1992年調査でも事業部制組織が46.6％（174社中81社）と最も多く，職能別組織が17.8％（同31社），マトリックス組織が2.3％（同4社）であり，また2002年調査でも事業部制組織が52.3％（151社中79社）と最も多く，職能別組織が17.2％（同26社），マトリックス組織が2.6％（同4社），カンパニー制と持株会社制の合計が8.6％（同13社）であった。本調査の各選択肢の割合が高いのは，1992年調査・2002年調査にあった事業部制組織と職能別組織の併用という選択肢を除外したためであると考えられる。それを考慮しても，回答企業の組織形態として事業部制組織が主流であることは，一貫して変わらない。

　最後に，業務形態については，回答企業のうち製造業において，「見込生産主体」24.1％（108社中26社）よりも「個別受注形態」38.9％（同42社）の方が多く，さらに両者を併用しているという回答が37.0％（同40社）と，「個別受注形態」に次いで多かった。本調査の回答企業（製造業）では，どちらかといえば個別受注の割合が高いようである。これに対して，1992年調査では，「個別受注主体」29.2％（168社中49社）よりも「見込生産・販売主体」46.4％（同78社）の方が多く，さらに両者を併用しているという回答が24.4％（同41社）と最も少ない[6]。このことから，1992年調査の回答企業（製造業）では，どちらかといえば見込生産の割合が高いことがわかる。また，2002年調査でも同様に，「個別受注形態」33.3％（108社中36社）よりも「見込生産主体」36.1％（同39社）の方が多く，さらに両者を併用しているという回答が30.6％（同33社）と最も少ない。これらの結果を総合すると，1992年調査時点から本調査時点にかけて次第に回答企業（製造業）の業務形態が見込生産から個別受注へと移行してきた動向が垣間みえよう。

3　予算制度の基礎的事項

　本調査では，予算制度の基礎的事項として，企業予算制度の有無，予算委員会の有無，長期経営計画（計画期間5年以上）の策定有無とその計画期間，中

期経営計画（計画期間1年超5年未満）の策定有無とその計画期間，予算と中長期経営計画との関連，短期利益計画（1年以内の期間の大綱的計画）の策定有無とその計画期間，予算と短期利益計画との関連，予算編成について重視する目的，予算編成方針の策定有無，予算期間の基本単位，および予算の最小期間を尋ねた。

　まず，企業予算制度の有無〔Ⅱ-1〕については，回答企業の98.9％（184社中182社）が「企業予算制度あり」と回答しており，依然として予算制度がほとんどの企業で利用されていることがわかった。なお，本調査では，企業予算制度を，「企業の総合的観点から，将来の一定期間（1年以内）における予算を編成し，これを手段として日々の各部門の諸活動を指導・調整し，かつ統制する，計数による総合的な経営管理手法であり，企業の利益管理の具体的手段である」と定義し回答を求めた。また，予算制度を中止した回答企業はゼロであった。予算制度を有する企業の割合は，1992年調査以降あまり変化はなく，脱予算と言われているものの，ほとんどの企業に予算制度があることがわかる。

　次に，予算委員会の有無〔Ⅱ-2〕については，「設置している」が17.0％（182社中31社），「事実上，その機能を他の機関が担当している」が69.2％（同126社），「同等機能を果たす機関を持っていない」が13.7％（同25社）であった。本調査では，予算委員会の機能を担う他の機関の名称も併せて尋ねているが，そのなかで最も多かったのは「経営会議」（経営戦略／計画／執行会議などを含む）であり，取締役会／常務会／（執行）役員会／経営幹部会などのその他の会議体や経営企画部（室）／経理部などの部署の名称も挙げられている。

　1992年調査および2002年調査の結果をみると，この20年間一貫して「事実上，その機能を他の機関が担当している」と回答した企業が大多数であることがわかる。その一方で，本調査では，予算委員会を「設置している」と回答した企業が1992年調査の21.3％（174社中37社）および2002年調査の24.1％（158社中38社）よりも低い割合となった。これは「予算委員会」という名称は用いられなくなってきているが，その機能自体はその他の機関（とりわけ会議体）が担っていることを示していると考えられる。しかし，「同等機能を果たす機関を

持っていない」と回答した企業は，1992年調査では8.0％，2002年調査では10.1％，本調査では13.7％とわずかであるものの増加傾向にあるようにみえる。この点について，企業予算制度を有する企業の割合がほとんど変化していないことを考え合わせるならば，今後，予算委員会の機能を持たないと回答した企業が，どのように予算制度を運営しているかを明らかにする必要があるといえよう。

　予算と経営計画との関係を尋ねた各設問については，次のような結果となった。まず，長期経営計画〔Ⅱ-3〕について，「策定している」と回答した企業は18.8％（181社中34社）にすぎなかった。「策定していない」と回答した企業の割合は，1992年調査では45.3％（161社中73社），2002年調査では80.3％（157社中127社），本調査では81.2％（181社中147社）と，2002年調査以降に増加し，その割合は8割を超えている。なお，長期経営計画の平均計画期間は，本調査が7.0年（最大12年）であり，2002年調査が5.8年（最大10年）であったことからすると，回答企業が以前よりも長いスパンで長期経営計画を策定するようになったことが窺える。

　これに対して，中期経営計画〔Ⅱ-4〕について，「策定している」と回答した企業は87.2％（180社中157社）にのぼった。この割合は，1992年調査では70.8％（168社中119社），2002年調査では87.1％（155社中135社），本調査では87.2％（180社中157社）と，2002年調査以降その割合は増加し，9割に迫って高止まりしている。なお，本調査における中期経営計画の平均計画期間は3.1年であり，2002年調査と変わりはなかった。また，予算と中長期経営計画との関連〔Ⅱ-5〕について，双方を関連づけていると回答した企業は83.5％（164社中137社）にのぼった。長期経営計画よりも中期経営計画を策定している企業の割合が高いことから，中期経営計画に基づいて予算を設定している実態がみえよう。

　これらの結果からは，経営戦略を経営環境の変化により短いサイクルで適応させ，それを予算による経営管理に反映させようとする企業の姿勢が窺える。しかし，2002年調査と比較すると，本調査では長期経営計画を策定している企

業が0.9ポイント減少し，また，予算と中長期経営計画を関連づけている企業が1.7ポイント減少しており，若干ではあるが，経営戦略と予算の結びつけ方に変化が生じてきているような兆候がみられた。

続いて，短期利益計画〔Ⅱ-6〕については，「策定している」と回答した企業の割合は68.5％（184社中126社）であった。この割合は，1992年調査では78.3％（166社中130社），2002年調査では77.5％（160社中124社）であり，減少傾向にあることがわかる。

また，本調査における短期利益計画の平均計画期間は8.9カ月であり，2002年調査の約1年に比べ短縮している。加えて，予算と短期利益計画との関連〔Ⅱ-7〕について，双方を関連づけていると回答した企業は94.5％（127社中120社）とこれまでの調査と同様に高い割合を示している。しかし，日本で一般に短期利益計画を基礎として予算を編成している企業が多いとする通説とは異なり，本調査では「短期利益計画を予算編成の基礎としている」と回答した企業の割合は35.4％（127社中45社）に過ぎず，「短期利益計画を予算としている」と回答した企業の割合が59.1％（127社中75社）にのぼった。これらの結果からは，短期利益計画の役割が変化したことが示唆されよう。

予算編成の目的〔Ⅱ-8〕については，「所要の収益性の実現」を重視すると回答した企業が89.7％（184社中165社）と最も多く，「安定的な収支管理」39.7％（同73社），「資源配分の有効性の達成」35.3％（同65社），「部門成果の評価」33.2％（同61社）の順で回答が多かった。2002年調査では重視する目的を上位から3つ回答してもらい，本調査では重視する目的を3つ以内で回答してもらうといったように，回答方法が異なるため一概にはいえないが，それでも「所要の収益性の実現」を重視する企業が最も多いことに変わりはなかった。しかし，2002年調査と比較すると，本調査では「財務安全性の確保」と「所要の原価引下げ」を重視する回答企業の割合が相対的に低下しているようにみえることから，回答企業が危機的な財務状況から脱却し，比較的安定した経営状態の下で成長路線へと軸足を移してきたことが窺える。

予算編成方針〔Ⅱ-9〕について，「策定している」と回答した企業は72.4％

(185社中134社)あり、「短期利益計画で代行」している企業は21.1%(同39社)であった。他方で、「策定していない」と回答した企業が12社(6.5%)あった。

最後に、予算期間の基本単位〔Ⅱ-10〕と最小期間〔Ⅱ-11〕について尋ねてみた。基本期間は「1年」が最も多く63.8%(185社中118社)の企業が回答している。次いで多いのが「1年であるが実質6カ月」の23.2%(同43社)、「6カ月」の9.7%(同18社)であった。また、最小期間は「1カ月」が最も多く68.5%(184社中126社)の企業が回答している。次いで多いのが「6カ月」の15.2%(同28社)、「3カ月」の10.9%(同20社)であった。

4 予算編成

予算原案作成にあたり示達される環境条件等の事項〔Ⅲ-1〕について重視するものを3つ以内で尋ねたところ、最も多かったのは「一般経済情勢」71.4%(185社中132社)であり、「主要製品の販売予測」62.2%(同115社)、「業界動向」53.0%(同98社)が続き、過半数の企業が挙げたのはこの3つの項目である。

次に、予算編成方針〔Ⅲ-2〕について同じく重視するものを3つ以内で尋ねたところ、「全社的利益目標または収益目標」を挙げた企業が圧倒的に多く95.1%(185社中176社)の企業が挙げている。次いで多いのが「部門の利益目標・収益目標・原価目標」67.6%(同125社)であり、2002年調査と同様、収益性を重視していることがわかる。それ以外に過半数を超える企業が挙げているのは「全社的事業方針」53.5%(同99社)であった。

また、予算編成方針策定の手順〔Ⅲ-3〕についてみると、「トップが具体的方針を提示、予算事務担当部門が調整」が8.2%(183社中15社)、「トップが基本的方針を提示、予算事務担当部門が具体的方針を作成」が24.0%(同44社)、そして「予算事務担当部門が原案を主導的に作成、トップが承認」が32.8%(同60社)、「部門が方針原案を提示、予算事務担当部門が調整、トップが承認」が32.8%(同60社)であり、トップ主導、予算事務担当部門主導、部門主導が

それぞれほぼ同数の3割強あることがわかる。2002年調査では,「部門が方針原案を提示,予算事務担当部門が調整,トップが承認」が19.4％（160社中31社）の企業しかなかったことから,部門主導の企業がこの10年間に大幅に増えていることがわかる。

予算編成における部門の参加の程度〔Ⅲ-4〕については,「全社的決定事項」では45％程度,「自部門の決定事項」では85％程度の企業が「積極的に参加している」と回答しており,2002年調査からの大きな変化はなかった。引き続き日本の企業では参加型予算が重視されている傾向が示された。

次に,予算原案作成上での部門の基本的目標〔Ⅲ-5〕については,多くの企業が挙げたのは,2002年調査と同様に,「売上高」75.5％（184社中139社）や「売上高利益率」52.2％（同96社）であり,上記の予算編成方針において重視するものと同じく,日本の企業による収益性重視の傾向が続いていることが示された。なお,「残余利益」「投資利益率（ROI）」「資本利益率（ROE）」はいずれも5％足らずにとどまるなど,資本効率を重視している企業は未だ一般的ではないようである。

また,部門予算での基本的目標と業績評価基準との一貫性〔Ⅲ-6〕については,「目標を業績評価基準とする」と回答した企業は79.1％（182社中144社）であり,2002年調査の77.5％と同様に,高い割合であった。この結果から,部門目標と業績評価基準は,おおむねリンクされているようである。

次に,部門予算原案を部門で作成しているか否か〔Ⅲ-7〕について尋ねたところ,部門予算原案を部門で「作成している」企業は94.6％（185社中175社）あるが,他方で「作成していない（トップダウン方式）」企業が10社あった。また,作成手続〔Ⅲ-8〕については,「予算編成方針と部門予算原案とを調整」が49.4％（174社中86社）,「予算編成方針に従って作成」が43.7％（同76社）であり,残りの12社（6.9％）は「独自に作成」しているとのことであった。

最後に,予算編成上の障害〔Ⅲ-9〕については,最も多くの企業が挙げたのは,2002年調査と同様に,「環境変化予測の困難性」73.9％（184社中136社）であった。2002年調査では重大な障害を上位から5つ回答してもらい,本調査

では重大な障害を3つ以内で回答してもらうといったように，回答方法が異なるため一概には言えないが，グローバル化した経営環境の不透明性の対応に苦労している企業の姿が浮かび上がってくる。また2002年調査で回答の多かった「現状是認的傾向を醸成」は45.5％から13.0％（同24社）に，また「予算編成の意義への認識の欠如」は41.2％から27.7％（同51社）に減っている。前者については，厳しい競争環境を反映していると考えられる。その一方で，2002年調査の22.9％から増えて回答が多かったのは「編成の要費・手数」27.7％（同51社）であった。

5 当初予算の点検・修正

　当初予算の点検・修正〔Ⅳ-1〕については，定期的に点検・修正していると回答していた企業が，2002年調査の83.3％から65.9％（182社中120社）に減っている。その一方で，不定期で点検・修正している企業は増加し，また「原則として点検・修正はしていない」と回答した企業は，2002年調査の3.1％から12.1％（同22社）へと増加している。

　予算修正上の重大な障害〔Ⅳ-2〕について，最も多くの企業が挙げたのが，2002年調査の76.9％と同様に「環境変化予測の困難性」71.8％（163社中117社）であった。2002年調査では重大な障害を上位から3つ回答してもらい，本調査では重大な障害を3つ以内で回答してもらうといったように，回答方法が若干異なるため一概には言えないが，ここでも，経営環境の不確実性への対応へ苦労する企業の現状が示されることとなった。

　最後に，予算の弾力性保持のための採用施策〔Ⅳ-3〕について，最も多くの企業が挙げたのは，「予算の適時点検・修正」72.2％（180社中130社）であった。これ以外の施策に関して上位3項目を挙げると，「一定限度の臨時的予算外支出の容認」32.8％（同59社），「予備費の設定」25.6％（同46社），「一定条件での予算の流用」19.4％（同35社）の順であった。「一定条件での予算の流用」と回答した企業は，2002年調査の54.9％から減少しているが，総じて大きな傾向の

変化はなかった。ここから，点検・修正以外の弾力性保持策としては，これらの施策が一般的なようである。

6 予算実績差異分析

　予算実績差異分析の実施〔V-1〕については，回答企業のすべてで行われており，その頻度に関しては，「毎月」との回答が最も多く86.4％（184社中159社）であり，2002年調査より若干減少したが，「毎日」1.6％（同3社），「毎週」1.1％（同2社）が増加した。

　次に，その利用目的〔V-2〕についてみると，回答数が多かった上位2項目は「改善措置」76.5％（183社中140社）と「差異の報告だけ」36.6％（同67社）であった。その一方，「部門主管者業績評価」は8.7％（同16社），「部門業績評価」は24.6％（同45社）であった。2002年調査では「部門成果評価」が第2位であったが，予算を業績評価に利用する考え方は，組織，個人ともに日本ではあまり一般的でなくなったようである。代わりに「差異の報告だけ」が第2位になった。

　業績評価結果の昇給等への反映の程度〔V-3，4〕については，「まったく反映しない」の1から「きわめて反映している」の7で回答してもらったところ，部門成果に対しても部門主管者の業績に対しても，賞与への反映は，それぞれ平均値が4.85と5.10であり，反映させている企業が多いようである。昇給および昇進への反映は，部門成果に対してはそれぞれ平均値が3.94と4.03，部門主管者の業績に対してはそれぞれ平均値が4.29と4.35であった。また，部門の統廃合に対しては平均値が3.64であり，反映させている企業は少ないようである。

　差異分析結果の利用上の問題点〔V-5〕については，「改善措置の実施の困難性」37.9％（182社中69社），「差異の原因解明の困難性」37.4％（同68社），「予算数値の信頼性が希薄」29.7％（同54社），「定性的評価との融合」28.0％（同51社）が上位であった。

7　予算制度の現状認識と改善策

　予算制度の目的からする予算制度の満足度〔Ⅵ-1〕については,「まったく満足していない」の1から「きわめて満足している」の7で回答してもらったところ,「どちらでもない」という回答を示す4が39.9%（183社中73社）で平均値も4.01であり,まったく満足していないことを示す1と回答している企業が2社あることから,多くの企業が予算制度に満足している状態ではないようである。

　次に,今後予算制度において重視する機能〔Ⅵ-2〕についてみると,「全社的目標・方針の形成の助成」の回答数が最も多く67.4%（184社中124社）の企業が挙げている。次いで多いのが「個別経営計画の実効化」41.3%（同76社）であり,それに「大綱的経営計画の実効化」36.4%（同67社）が続く。この結果は2002年調査と同様であり,そこからは予算を方針や戦略・経営計画とリンクさせることを望む企業の姿勢が続いていることが読み取れる。また,「部門,職能,課題間の業務活動の調整・統合」を32.1%（同59社）の企業が挙げており,垂直的調整だけでなく,水平的調整も重視していることがわかる。

　また,予算制度の有効性を高める方策〔Ⅵ-3〕についてみると,「重要なもの」とする回答数が最も多かったのは「基本目標・方針の明確化」53.8%（184社中99社）であった。また次いで多いのが,「管理会計制度の充実」38.0%（同70社）,「予算教育の充実」27.2%（同50社）であり,このことから管理会計教育の重要性が窺える。なお,2002年調査では1位であった「トップの理解の深化」は22.8%（同42社）と4位となった。

8　情報システム

　統合業務システム（ERP）の導入状況〔Ⅶ-1〕について,「現在,導入している」と回答した企業は41.8%（184社中77社）であった。2002年調査では,導

入企業の割合は30%弱であり，導入している企業の割合は増えている。ただし，「近い将来に導入することを検討している」と回答した企業の割合は，2002年度調査において40%近くあったが，本調査では21.2%（同39社）となっている。「将来も導入する予定はない」と回答した企業の割合は，2002年調査と本調査ともに35%程度であったことから，ERP導入企業の割合の増加は，かつて導入を検討していた企業がその後実際に導入したことによるものと考えられる。なお，「導入していたが中止した」と回答した企業はなかった。

また，ERPの短期利益計画策定および予算管理への活用〔Ⅶ-2〕について，「短期利益計画策定・予算管理に活用していない」と回答した企業は9.8%（82社中8社）に過ぎなかった。ERPを導入している企業の大半が，短期利益計画策定・予算管理にあたって何らかの形でERPを活用しており，中でも「予算差異分析に活用」に75.6%（同62社）の企業が挙げている。これは次に述べるメリットの回答結果に繋がっているようである。

ERPの導入によって得られた予算管理上のメリット〔Ⅶ-3〕についてみると，「差異分析の原因解明に要する時間の減少」と回答した企業が60.3%（73社中44社）と最も多く，「予算の点検・修正の行いやすさ」が45.2%（同33社），「予算数値の信頼性の向上」が32.9%（同24社）であり，また「差異分析の障害要因の減少」が24.7%（同18社）である。ERPの導入は，予算管理業務の効率化に繋がっているものと考えられる。

9 ABC，ABM，ABBおよびBSC

ABC〔Ⅷ-1〕，ABM（activity-based management：活動基準管理）〔Ⅷ-2〕，ABB〔Ⅷ-3〕の導入について，「現在，導入している」と回答した企業はそれぞれ，ABCが8.5%（177社中15社），ABMが4.0%（175社中7社），ABBが4.6%（175社中8社）であった。本調査からもわかるように，日本においてABC，ABM，ABBを導入している企業の割合は，依然として低いようである。しかも，「導入していたが中止した」と回答した企業がそれぞれ，ABCが3社，

ABMが2社，ABBが1社あり，また，後述のBSCについても5社の企業が中止している。この点については中止した理由を含めて今後の検討課題としたい。

他方で，欧米においてもABC，ABMに比べて導入事例の報告が非常に少ないABBを導入している企業が8社も存在していたことは意外であった。ABBの導入を検討中の企業も8社存在している。ABBに関しては，以前から，導入コストがかかり過ぎるなど問題点が指摘されているが，今回ABBを導入していると回答した企業が，ABBをどのように実施しているのか興味深い。

BSCの導入〔Ⅷ-4〕について，「現在，導入している」と回答した企業は7.9％（177社中14社），「近い将来に導入することを検討中」と回答した企業（7.3％，同13社）を含めても15％程度であり，それほど普及していないことがわかる。しかも，上記のように，5社の企業が中止しており，また「将来も導入する予定はない」と回答した企業が81.9％（同145社）もあり，グローバルな競争が激化する中でますます重要性を増してきている戦略の策定と実行に有効なツールといわれるBSCがなぜ日本において活用されないのかについて今後の検討課題としたい。

また，BSCと予算制度の関係〔Ⅷ-5〕について，「BSCを予算に反映させている」と回答した企業は，導入企業のうちの57.1％（14社中8社）であり，BSCを導入している企業は少ないが，導入している企業の半数以上はBSCと予算制度を関連づけているようである。

10　連結ベースのグループ予算

連結ベースのグループ予算の作成〔Ⅸ-1〕について，「現在，作成している」と回答した企業は，77.5％（182社中141社）であり，回答企業の80％弱が作成しており，「近い将来に作成することを検討中」の企業（8.8％，同16社）を含めると90％弱になり，予算によるグループ経営がかなり進んでいるといえる。

また，連結ベースの短期利益計画の作成〔Ⅸ-2〕については，「現在，作成している」と回答した企業は72.0％（182社中131社），「近い将来に作成することを検討中」の企業（8.2％，同15社）を含めると80％強になり，こちらも多くの企業で作成されていることがわかる。

　他方で，連結ベースのCF計画（見積キャッシュフロー計算書）の作成〔Ⅸ-3〕については，「現在，作成している」と回答した企業は38.5％（182社中70社）であり，現在のところは予算および短期利益計画と比較すると少ないが，「近い将来に作成することを検討中」の企業が23.1％（同42社）あり，今後は大きく増えると予想される。しかし，「将来も作成する予定はない」と回答した企業が36.8％（同67社），「作成していたが中止した」という企業が1.6％（同3社）あり，4割近くが作成の必要性を認めていない。今後，作成を中止した理由を含めて調査したい。

おわりに

　本章では，2012年調査の単純集計結果に基づいて，同調査の概要をみてきた。以下の各章においては，1992年調査ならびに2002年調査と，今回の調査結果とを比較検討することにより，日本企業の予算制度が経営環境の変化に応じてこの20年間にわたりどのような変貌を遂げてきたか，またその現状を明らかにする。そして最後に，この10年間にわたるERPの導入状況・活用状況や，新たな管理会計技法であるABC，ABM，ABB，およびBSCの導入状況等を明らかにする。

[注]
(1) 安達（1992）および坂口（1993）を参照されたい。
(2) 三木他（2003），山田他（2003），﨑他（2003），長屋他（2004）および坂口他（2004）を参照されたい。
(3) 質問票については，〔付録1〕（183頁以下）を，また単純集計結果については，〔付録2〕（193頁以下）を参照されたい。なお，鳥瞰的分析は〔付録2〕に基づ

いて行った。
⑷　有効回答数は，各設問に対する回答に「無回答」などによる欠損値があり，集計・分析に際してこれを除いたため，回答企業数185社より少ないことがある。
⑸　以下でも同様に，1992年調査，2002年調査および本調査を比較することによって，日本の企業予算制度の動向をみていくことにする。
⑹　1992年調査の有効回答数174社（総数）には「その他」6社が含まれているため，これを差し引いた168社を用いて割合を再計算した。1992年調査については，以下でも同様にして，総数から「その他」や「無回答」の数を差し引いた有効回答数を用いて割合を再計算し，2002年調査および本調査と比較可能とする。

第3章 企業予算制度の基礎的事項に関する分析

はじめに

　本章では，企業予算制度の基礎的事項について検討する。企業予算制度の基礎的事項は，中長期経営計画から短期利益計画，そして予算編成へと繋がるプロセスに関わる事項であり，予算管理を実施する上での基盤となる。

　本調査では，企業予算制度の有無，予算委員会の有無，長期経営計画と中期経営計画の策定状況，予算と中長期経営計画との関連，短期利益計画の策定状況，予算と短期利益計画との関連，予算編成において重視する目的，予算編成方針の策定状況，予算期間の基本単位，および予算の最小期間について，調査対象企業における状況を尋ねている。

　企業は予算編成においてどのような目的を重視しているのか。そして，予算は経営戦略を具体化した経営計画と結びついたものとなっているのか。一般に短期利益計画を基礎として予算が編成されるといわれる短期利益計画と予算との関係はどのようになっているのか。また，予算管理を円滑に推進することを任務とする予算委員会はどのような機関として設置されているのか。近年における経営環境の急速な変化や法制度の改正などへの対応として予算期間にどのような変化がみられるのか。さらに，企業規模や業種，組織形態，業務形態によって，企業予算制度の基礎的事項に違いはあるのか。本章では，これらの点についての傾向を明らかにする。

　まず，第1節では予算編成の目的，次いで，第2節では経営計画と予算との

関連，第3節では予算委員会・予算期間，そして最後に，第4節では企業規模・業種・組織形態・業務形態と企業予算制度について，本調査と2002年調査(1)および1992年調査(2)とを比較検討しながら，どのような変化がみられるのかを明らかにしていく。また一部について，クロス分析によって回答企業の実態をより深く考察する。

1 予算編成の目的

　本節では，回答企業が予算編成においてどのような目的を重視しているか，という点を検討する。本調査は，アベノミクスと称される日本政府の経済対策によって，ようやく本格的な景気回復が期待されるようになる前夜に実施された。その当時，本調査の回答企業はどのような目的の下に予算編成を行っていたのであろうか。また，バブル経済崩壊直後の1992年調査および日本経済が長期低迷にあえいでいた2002年調査と比較して，回答企業が予算編成において重視する目的に何か時系列的な傾向はみられるであろうか。

　予算編成において重視する目的〔II-8〕について，本調査と2002年調査および1992年調査の単純集計結果を比較したものが**図表3-1**である(3)。なお，調査結果の比較検討においては，各調査における回答方法が異なることに留意しなければならない(4)。

　図表3-1より，予算編成において重視する目的について，「所要の収益性の実現」を重視する企業は，1992年調査の99.4％（172社中171社）から2002年調査の97.5％（161社中157社），さらに本調査の89.7％（184社中165社）へと徐々に減少しつつあるようにみえる。とはいえ，いずれの調査でもその割合は群を抜いて高く，最も重視する目的に変化はみられない。

　収益性とは利益を獲得する能力をいい，それは利益額または利益率で測定される。したがって，所要の収益性の実現は必要利益を確保することと同義であり，中長期経営計画および短期利益計画の実現を図るための具体的要具である予算管理において，それが一貫して目的とされるのは当然の結果であるといえ

[図表3-1] 予算編成において重視する目的

調査年＼回答	所要の収益性の実現	財務安全性の確保	安定的な収支管理	資源配分の有効性の達成	新規事業業務・新規事業開発の助成	所要の原価引下げ
2012年調査	165社(89.7%)	53社(28.8%)	73社(39.7%)	65社(35.3%)	11社(6.0%)	44社(23.9%)
2002年調査	157社(97.5%)	58社(36.0%)	49社(30.4%)	54社(33.5%)	8社(5.0%)	54社(33.5%)
1992年調査	171社(99.4%)	111社(64.5%)	110社(64.0%)	128社(74.4%)	91社(52.9%)	114社(66.3%)

調査年＼回答	所要の原価維持	個別業務の能率管理	個別業務活動の調和的達成	部門主管者の業績評価	部門成果の評価	その他
2012年調査	6社(3.3%)	7社(3.8%)	6社(3.3%)	12社(6.5%)	61社(33.2%)	5社(2.7%)
2002年調査	22社(13.7%)	8社(5.0%)	2社(1.2%)	61社(37.9%)	6社(3.7%)	2社(1.2%)
1992年調査	47社(27.3%)	70社(40.7%)	45社(26.2%)	111社(64.5%)	29社(16.9%)	1社(0.6%)

注：有効回答数は次のとおりである。2012年調査184社（100%），2002年調査161社（100%），1992年調査172社（100%）。なお，「無回答」および「不明」を除く。

る。しかしながら，バブル経済崩壊以来の不況期において，回答企業が必死に必要利益を確保しようとしてきたことの現れとも捉えられ，次第にそれを重視する割合が減少してきていることは，景気回復に伴って回答企業の業績も回復し，予算管理の焦点が他の目的へと移行してきたことを示唆している。

これを裏づけるように，本調査では，「部門成果の評価」を重視する企業の割合が，2002年調査の3.7%（161社中6社）から33.2%（184社中61社）へと29.5ポイントも増加する結果となった。これは，1992年調査以降一貫して減少傾向にある「部門主管者の業績評価」とは対照的な傾向である[5]。近年，部門管理者の業績評価よりも部門の業績評価の観点から予算が重視される傾向にあるといえよう。

ところで，業績評価の対象には2つある。1つは組織上の管理責任単位（部

門）であり，もう1つはその管理責任者（部門管理者）である。部門の業績評価は，分権的組織における全体目標の達成において各管理責任単位がどの程度貢献したかを判断可能とし，全社的観点から行う資源配分の意思決定に有用な情報を提供する。他方，部門管理者の業績評価は，各部門管理者に全体目標の達成に必要な部門目標の達成責任を付与するとともに職務の遂行および経営資源の使用に関する意思決定権限を委譲することで，管理可能性に基づいて各部門管理者がその責任をどの程度果たしたかを判断可能とし，動機づけの観点から行う部門管理者の処遇に関する意思決定に有用な情報を提供する。

　近年，予算編成の目的として部門の業績評価が重視され，部門管理者の業績評価が重視されなくなってきた傾向にあるのは，不確実な経営環境において，回答企業が組織の目標整合性を確保するとともに，限られた経営資源を最適に配分しようとしていること，そして，部門管理者の管理責任を超えた外的要因が妥当な業績評価を困難にしており，部門管理者のモチベーションの低下を回避していることの現れであるかもしれない。

　次に，予算原案作成上での部門の基本的目標〔Ⅲ-5〕との関係から，回答企業が重視する予算編成の目的をみてみる。予算編成において重視する目的は，その達成を目指して，予算原案作成上での部門の基本的目標に反映されると考えられるからである。なお，ここでは，予算原案作成上での部門の基本的目標として回答が多かった上位6項目のうち，予算編成において重視する目的との関連性が示唆された，「売上高」「売上高利益率」「本社費配賦後利益」「原価引下げ」「キャッシュフロー」について分析している[6]。

　図表3-2は，「財務安全性の確保」〔Ⅱ-8〕と「売上高」〔Ⅲ-5〕とのクロス表[7]である。「財務安全性の確保」は，本調査において回答企業が12項目のうち5番目に重視する予算編成の目的である。両変数の独立性は1％水準で棄却されており，両変数間には関連性があると考えられる。

　本調査において，「売上高」は，部門の基本的目標として重視する企業の割合が75.4％（183社中138社）と最も多いが，そのうち「財務安全性の確保」を予算編成の目的として重視する企業の割合は22.5％（138社中31社）である。ま

[図表3-2] 財務安全性の確保と売上高のクロス表

基本的目標	目的	財務安全性の確保		合計
		重視する	その他	
売上高	重視する	31社 (22.5%)	107社 (77.5%)	138社 (100.0%)
	その他	21社 (46.7%)	24社 (53.3%)	45社 (100.0%)
合計		52社 (28.4%)	131社 (71.6%)	183社 (100.0%)

注:Pearson のカイ2乗値 9.772,p=0.002

た,調整済み残差は－3.1と1％水準で有意差が認められ,「財務安全性の確保」のために「売上高」を部門の基本的目標として重視する企業は少ないようである。

これらの結果から,「売上高」を部門の基本的目標として重視する企業は多いとはいえ,それが「財務安全性の確保」という予算編成の目的の下に設定されているとはいえないようである。これは,いつ取引先が経営破綻に陥るかわからないという不確実な経営環境において,現金だけでなく売上債権による金額も含む売上高では,財務安全性を裏づけることが難しい状況となっていることを反映しているのかもしれない。

そこで,「財務安全性の確保」〔Ⅱ-8〕と「キャッシュフロー」〔Ⅲ-5〕との関係をみたものが,図表3-3のクロス表である。キャッシュフローは,発生主義会計に基づかない「現物」の現金有高を示すものであり,企業の支払能力を示す財務安全性を評価する際に有用である。両変数の独立性は5％水準で棄却されており,両変数間には関連性があると考えられる。

本調査において,「キャッシュフロー」を部門の基本的目標として重視する企業の割合は16.4％（183社中30社）と6番目に多く,そのうち「財務安全性の確保」を予算編成の目的として重視する企業の割合は43.3％（30社中13社）である。また,調整済み残差は2.0と5％水準で有意差が認められ,「財務安全性

[図表3-3] 財務安全性の確保とキャッシュフローのクロス表

基本的目標	目的	財務安全性の確保 重視する	財務安全性の確保 その他	合計
キャッシュフロー	重視する	13社 (43.3%)	17社 (56.7%)	30社 (100.0%)
キャッシュフロー	その他	39社 (25.5%)	114社 (74.5%)	153社 (100.0%)
合計		52社 (28.4%)	131社 (71.6%)	183社 (100.0%)

注:Pearsonのカイ2乗値 3.926, p=0.048

の確保」を行うために「キャッシュフロー」を部門の基本的目標として重視する企業が多いようである。

これらの結果から,「財務安全性の確保」という予算編成の目的の下では,「キャッシュフロー」が部門の基本的目標として重視されていることが窺える。これは,上述のように,キャッシュフローが財務安全性を評価する際に有用であることと整合的である。またそれとともに,回答企業が貸借対照表に基づく一時点での静的な支払準備能力ではなく,キャッシュフローに基づく現在および将来の動的な現金獲得能力をみることによって,財務安全性を確保しようとしていることを示唆しているものと推察できる。

ここで,**図表3-1**をみると,「財務安全性の確保」を予算編成の目的として重視する企業が,1992年調査の64.5%(172社中111社)から2002年調査の36.0%(161社中58社)へ,さらに本調査の28.8%(184社中53社)へと減少傾向にあることがわかる。したがって,「財務安全性の確保」は,予算編成の目的として相対的に重視されなくなってきているものと推察されよう。以上の結果に基づく考察からすれば,これは景気および企業業績の回復基調を反映していることや環境の不確実性に起因していることが背景になっているものと考えられる。

次に,**図表3-4**は,「部門主管者の業績評価」〔Ⅱ-8〕と「売上高利益率」〔Ⅲ-5〕とのクロス表である。「部門主管者の業績評価」は,本調査において

[図表3-4] 部門主管者の業績評価と売上高利益率のクロス表

基本的目標		目的 部門主管者の業績評価		合計
		重視する	その他	
売上高利益率	重視する	11社(11.6%)	84社(88.4%)	95社(100.0%)
	その他	1社(1.1%)	87社(98.9%)	88社(100.0%)
合計		12社(6.6%)	171社(93.4%)	183社(100.0%)

注：Pearson のカイ 2 乗値 8.130，p = 0.004

　回答企業が12項目のうち7番目に重視する予算編成の目的であるが，予算編成において重視する目的の上位6項目と比べると，その割合は格段に低い。両変数の独立性は1%水準で棄却されており，両変数間には関連性があると考えられる。

　本調査において，「売上高利益率」を部門の基本的目標として重視する企業の割合は51.9%（183社中95社）と「売上高」に次いで2番目に多いが，そのうち「部門主管者の業績評価」を予算編成の目的として重視する企業は11.6%（95社中11社）である。また，調整済み残差は2.9と1%水準で有意差が認められ，「部門主管者の業績評価」を行うために「売上高利益率」を部門の基本的目標として重視する企業が多いようである。

　この結果は，「所要の収益性の実現」を重視する企業が最も多いことと整合的である。したがって，「部門主管者の業績評価」は，「所要の収益性の実現」の下位目的であると考えられ，回答企業が部門管理者を所要の収益性の実現に向けて動機づけていることが窺える。とはいえ，上述のように，「部門主管者の業績評価」を予算編成の目的として重視する企業は，1992年調査より明らかな減少傾向にある。また，「売上高利益率」は，部門の基本的目標として重視されているものの，本調査の分析からは，それを「部門主管者の業績評価」以外のどのような予算編成の目的の下に用いているかはわからない。

［図表 3-5］　部門成果の評価と本社費配賦後利益のクロス表

基本的目標 \ 目的		部門成果の評価		合　計
		重視する	その他	
本社費配賦後利益	重視する	23社 (44.2％)	29社 (55.8％)	52社 (100.0％)
	その他	38社 (29.0％)	93社 (71.0％)	131社 (100.0％)
合　計		61社 (33.3％)	122社 (66.7％)	183社 (100.0％)

注：Pearson のカイ 2 乗値 3.882，p＝0.049

　続いて，**図表 3-5** は，「部門成果の評価」〔Ⅱ-8〕と「本社費配賦後利益」〔Ⅲ-5〕とのクロス表である。「部門成果の評価」は，本調査において回答企業が12項目のうち4番目に重視する予算編成の目的である。両変数の独立性は5％水準で棄却されており，両変数間には関連性があると考えられる。

　本調査において，「本社費配賦後利益」を部門の基本的目標として重視する企業の割合は28.4％（183社中52社）と3番目に多いが，そのうち「部門成果の評価」を予算編成の目的として重視する企業は44.2％（52社中23社）である。また，調整済み残差は2.0と5％水準で有意差が認められ，「部門成果の評価」を行うために「本社費配賦後利益」を部門の基本的目標として重視する企業が多いようである。

　上述のように，「部門成果の評価」を重視する企業は2002年調査から大幅に増加しており，また，1992年調査の16.9％（172社中29社）という割合と比較しても16.3ポイント増加している。本調査における「本社費配賦後利益」を重視する企業の割合の高さからいっても，「部門成果の評価」を重視する企業が多いことが示唆される[8]。ただし，「本社費配賦後利益」を重視する企業の割合が多いのは，本調査において「事業部（本部）制組織」を採用している回答企業が67.6％（182社中123社）と多いことが影響しているものと考えられる。

　最後に，**図表 3-6** は，「所要の原価引下げ」〔Ⅱ-8〕と「原価引下げ」〔Ⅲ-

[図表3-6] 所要の原価引下げと原価引下げのクロス表

基本的目標	目的	所要の原価引下げ		合　計
		重視する	その他	
原　価引下げ	重視する	22社(56.4%)	17社(43.6%)	39社(100.0%)
	その他	22社(15.3%)	122社(84.7%)	144社(100.0%)
合　計		44社(24.0%)	139社(76.0%)	183社(100.0%)

注：Pearson のカイ2乗値 28.430，p＝0.000

5〕とのクロス表である。「所要の原価引下げ」は，本調査において回答企業が12項目のうち6番目に重視する予算編成の目的である。両変数の独立性は1％水準で棄却されており，両変数間には関連性があると考えられる。

本調査において，「原価引下げ」を部門の基本的目標として重視する企業の割合は21.3％（183社中39社）と4番目に多いが，そのうち「所要の原価引下げ」を予算編成の目的として重視する企業は56.4％（39社中22社）である。また，調整済み残差は5.3と1％水準で有意差が認められ，当然ながら「所要の原価引下げ」を行うために「原価引下げ」を部門の基本的目標として重視する企業が多いようである。

ここで，図表3-1をみると，「所要の原価引下げ」を重視する企業の割合は，1992年調査の66.3％（172社中114社）から2002年調査の33.5％（161社中54社）へ，さらに本調査の23.9％（184社中44社）へと減少しており，予算編成の目的として「所要の原価引下げ」があまり重視されなくなってきたことが示唆される。また，「所要の原価維持」の割合をみても，1992年調査の27.3％（172社中47社）から2002年調査の13.7％（161社中22社）へ，さらに本調査の3.3％（184社中6社）へと減少傾向にある。

「所要の原価引下げ」または「所要の原価維持」は，「所要の収益性の確保」において重要な要素であり，その下位目的であると考えられるが，それらの割

合が減少傾向にあるのは，何に起因するものであろうか。デフレ圧力により原価低減が限界に達している状況，部材の価格や操業度の変動などにより原価を一定に保つことが困難になっている状況，また，予算管理は全社的な管理のために用いられ，原価管理は他の手法によって行われている可能性など，いろいろと考えられる。しかし，その原因は本調査のいずれの結果からも明らかでない。

2 経営計画と予算との関連

経営計画と予算との関連は，理論的には，中長期経営計画を基礎として短期利益計画が策定され，その短期利益計画を基礎として予算が編成され，短期利益計画が予算に具現化されるものと，一般に考えられている。しかし，実務的には，経営計画と予算との関連は企業によって異なり，一様でない。いずれにせよ，両者は一定の関連を保持することが必要である。

図表3-7は，長期経営計画（計画期間5年以上）策定の有無〔Ⅱ-3〕について，本調査と2002年調査および1992年調査の結果を示したものである。

[図表3-7] 長期経営計画（計画期間5年以上）策定の有無

調査年 \ 回答	策定している	策定していない	合　計
2012年調査	34社 (18.8%)	147社 (81.2%)	181社 (100.0%)
2002年調査	31社 (19.7%)	126社 (80.3%)	157社 (100.0%)
1992年調査	80社 (49.7%)	81社 (50.3%)	161社 (100.0%)

本調査において，長期経営計画を「策定している」と回答した企業は18.8%（181社中34社）に過ぎず，「策定していない」と回答した企業が81.2%（181社中147社）にのぼった。一般に，長期経営計画を策定している企業は少ないとい

われているが，このことが本調査結果に如実に示されたといえよう。それでは，1992年調査から本調査までの間に，長期経営計画の策定について何か変化はみられるであろうか。

　本調査と2002年調査および1992年調査では，長期経営計画について計画期間を異にして質問しているため，調査結果を単純に比較することはできない。それは，本調査と2002年調査では，計画期間5年以上の経営計画を「長期経営計画」としてその策定の有無を質問しているのに対し，1992年調査では計画期間6年以上の経営計画を「超長期経営計画」として，また計画期間4～5年の経営計画を「長期経営計画」として，その策定の有無を質問しているからである。したがって，1992年調査の結果から，計画期間5年以上の経営計画，すなわち本調査および2002年調査でいう「長期経営計画」の実態を正確に知ることはできないが，「長期経営計画」を策定している最低の企業数を知ることができる。その最低の企業数が，**図表3-7**における1992年調査の「策定している」と回答した80社である[9]。

　そこで**図表3-7**に基づき，長期経営計画の策定にどのような変化がみられるかを，本調査と2002年調査および1992年調査を比較検討することによって明らかにすることにする。

　長期経営計画を「策定している」と回答した企業は，1992年調査の49.7%（161社中80社）から2002年調査の19.7%（157社中31社）へ，さらに本調査の18.8%（181社中34社）へと減少傾向にある。特に，1992年調査と本調査との間では，30.9ポイントという大幅な減少を示している。このようなきわめて大幅な減少の大部分は，実のところ，1992年調査と2002年調査との間にみられたものである。すなわち，長期経営計画を策定している企業は，1992年調査から2002年調査にかけて30ポイントも下落しているが，2002年調査から本調査へは0.9ポイントの減少がみられるに過ぎない。したがって，1992年調査から本調査にかけて，長期経営計画を策定している企業にきわめて大幅な減少がみられるとはいえ，2002年調査から本調査までの10年間に，大きな変化はなかったといえよう。

それでは，中期経営計画の策定についてはどうであろうか。**図表3-8**は，中期経営計画（計画期間1年超5年未満）の策定の有無〔Ⅱ-4〕について，本調査と2002年調査および1992年調査の調査結果を示したものである。

[図表3-8] 中期経営計画（計画期間1年超5年未満）策定の有無

調査年 \ 回答	策定している	策定していない	合　計
2012年調査	157社 (87.2%)	23社 (12.8%)	180社 (100.0%)
2002年調査	135社 (87.1%)	20社 (12.9%)	155社 (100.0%)
1992年調査	119社 (70.8%)	49社 (29.2%)	168社 (100.0%)

本調査において，中期経営計画を「策定している」と回答した企業は87.2％（180社中157社）にものぼり，「策定していない」と回答した企業は12.8％（180社中23社）に過ぎなかった。この回答結果からみれば，中期経営計画は回答企業においてかなり広く普及しているとみることができる。

ここで，1992年調査から本調査までの傾向をみていく上で，**図表3-8**における1992年調査において中期経営計画を「策定している」と回答した企業数119社について，若干説明しておきたい。本調査と2002年調査では，計画期間1年超5年未満の経営計画を「中期経営計画」としてその策定の有無を質問している。これに対して1992年調査では，計画期間1年超3年以内の経営計画を「中期経営計画」としてその策定の有無を，また計画期間4～5年の経営計画を「長期経営計画」としてその策定の有無を質問している。1992年調査から，計画期間1年超5年未満の経営計画，すなわち本調査および2002年調査でいう中期経営計画を策定している正確な企業数を知ることはできないが，中期経営計画を策定していると考えられるきわめて実態に近い企業数を把握することはできる。その企業数が，**図表3-8**における1992年調査の「策定している」と回答した119社である[10]。

図表3-8から明らかなように，本調査と2002年調査および1992年調査において中期経営計画の策定率は，いずれの調査においても高いといえよう。それでは，この状況の中でどのような変化がみられるであろうか。

　中期経営計画を「策定している」と回答した企業は，1992年調査の70.8%（168社中119社）から2002年調査の87.1%（155社中135社）へと増加し，本調査では87.2%（180社中157社）にとどまるという傾向を示している。特に，1992年調査と2002年調査の間では16.3ポイントと大幅に増加したものの，2002年調査と本調査の間では0.1ポイントと僅かに増加したに過ぎない。したがって，中期経営計画の策定は，1992年調査当時よりすでに多くの企業が行なっており，1992年調査から2002年調査までの10年間に中期経営計画を策定する企業がさらに大きく増加し広く普及したものと考えられる。そして，中期経営計画の策定が広く普及した状況は，本調査時点においても継続しているとみることができよう。

　それでは，短期利益計画の策定の有無についてはどうであろうか。**図表3-9**は，短期利益計画（計画期間1年以内）の策定の有無〔Ⅱ-6〕について，本調査と2002年調査および1992年調査の結果を示したものである。

[図表3-9]　短期利益計画（計画期間1年以内）策定の有無

調査年 \ 回答	策定している	策定していない	合　計
2012年調査	126社 (68.5%)	58社 (31.5%)	184社 (100.0%)
2002年調査	124社 (77.5%)	36社 (22.5%)	160社 (100.0%)
1992年調査	130社 (78.3%)	36社 (21.7%)	166社 (100.0%)

　図表3-9から明らかなように，短期利益計画を「策定している」と回答した企業は，1992年調査の78.3%（166社中130社）から2002年調査の77.5%（160社中124社）へ，さらに本調査の68.5%（184社中126社）へと減少傾向にあること

がわかる。とはいえ，いずれの調査においても短期利益計画の策定率は高いといえよう。このような状況にあって，1つの変化がみられる。1992年調査と2002年調査とを比較すると，0.8ポイントという微減傾向がみられるに過ぎないが，2002年調査と本調査を比較すると，9.0ポイントという大幅な減少を示している。本調査において，その減少理由を知ることはできないが，それを明らかにするためには，もう少し立ち入った調査が必要となろう。

それでは，予算とこれらの経営計画には，どのような関連がみられるであろうか。まず，予算と中長期経営計画との関連からみていくことにするが，本調査と2002年調査および1992年調査とでは，両者の関連に関する質問の選択肢が若干異なることに留意しなければならない[11]。図表3-10は，予算と中長期経営計画との関連〔Ⅱ-5〕について，本調査と2002年調査および1992年調査の調査結果を示したものである。

[図表3-10] 予算と中長期経営計画との関連

調査年 \ 回答	(1)予算編成の基礎	(2)中長期経営計画の初年度分		(3)中長期経営計画とは別個に編成	合 計
2012年調査	83社 (50.6%)	54社 (32.9%)		27社 (16.5%)	164社 (100.0%)

調査年 \ 回答	(1)予算編成の基礎	(2)中長期経営計画の初年度分	(3)(1)であって(2)の役割もある	(4)中長期経営計画とは別個に編成	合 計
2002年調査	42社 (26.8%)	38社 (24.2%)	54社 (34.4%)	23社 (14.6%)	157社 (100.0%)
1992年調査	57社 (33.3%)	27社 (15.8%)	55社 (32.2%)	32社 (18.7%)	171社 (100.0%)

図表3-10における本調査の(1)と(2)，2002年調査および1992年調査の(1)，(2)，(3)は，いずれも予算と中長期経営計画とが「関連している」ケースである。各調査の「関連している」ケースの合計について，本調査では83.5％（164社中137社），2002年調査では85.4％（157社中134社），1992年調査では81.3％（171社

中139社）である。したがって，予算と中長期経営計画との関連については，いずれの調査においてもかなり高い割合で「関連している」ことを示している。

そこで，その関連する内容について，より詳しくみてみる。**図表 3 -10**をみると，本調査において，(2)の「中長期経営計画の初年度分を予算としている」，いわゆるローリング方式を採用している企業は32.9％（164社中54社）である。したがって，およそ 3 社のうち 1 社がローリング方式を採用していることになる。ローリング方式の採用について，本調査と2002年調査および1992年調査とを比較検討すると，企業におけるローリング方式のおおまかな採用の動向を知ることができる。

ローリング方式を「採用している」，すなわち(2)の「中長期経営計画の初年度分を予算としている」と回答した企業は，1992年調査の15.8％（171社中27社）から2002年調査24.2％（157社中38社）へ，さらに本調査の32.9％（164社中54社）へと増加傾向にある。そしてその割合は，1992年調査から2002年調査では8.4ポイント，さらに2002年調査から本調査では8.7ポイント増加と，ほぼ同じ幅で増加している。その結果，1992年調査から本調査までに17.1ポイントと大幅に増加した。このことから，ローリング方式の採用がこの20年間で着実に広がってきたという動向を指摘することできる。

次に，予算と短期利益計画との関連〔Ⅱ- 7 〕についてみていく。予算と短期利益計画との関連については，本調査と2002年調査および1992年調査とでは，質問の選択肢が若干異なることに留意しなければならない[12]。**図表 3 -11**は，予算と短期利益計画との関連について，本調査と2002年調査および1992年調査の結果を示したものである。

図表 3 -11において予算と短期利益計画とが「関連している」ケースは，本調査では(1)と(2)であり，2002年調査および1992年調査では(1)，(2)，(3)である。各調査の「関連している」ケースの合計を本調査と2002年調査および1992年調査についてみると，本調査では94.5％（127社中120社），2002年調査では99.2％（123社中122社），1992年調査では91.4％（140社中128社）である。したがって，予算と短期利益計画との関連については，いずれの調査においても 9 割を超え，

[図表3-11] 予算と短期利益計画との関連

調査年＼回答	(1)短期利益計画を予算編成の基礎	(2)短期利益計画を予算		(3)短期利益計画とは別個に編成	合計
2012年調査	45社 (35.4%)	75社 (59.1%)		7社 (5.5%)	127社 (100.0%)

調査年＼回答	(1)短期利益計画を予算編成の基礎	(2)短期利益計画は予算の一環	(3)(1)であって(2)の役割もある	(4)短期利益計画とは別個に編成	合計
2002年調査	33社 (26.8%)	56社 (45.5%)	33社 (26.8%)	1社 (0.8%)	123社 (100.0%)
1992年調査	55社 (39.3%)	34社 (24.3%)	39社 (27.8%)	12社 (8.6%)	140社 (100.0%)

非常に高い関連性を示している。特に2002年調査では，99.2％というきわめて高い割合となっている。このような結果から，大多数の企業では，短期利益計画と何らかの形で関連させた予算を編成してきたものと推察できる。

　それでは，その関連する内容についてはどうであろうか。一般に，日本では多くの企業が短期利益計画を策定し，それを基礎として予算を編成しているといわれている。しかし，**図表3-11**から明らかなように，本調査では，一般にいわれていることとは異なる結果となった。すなわち，本調査では「短期利益計画を予算としている」企業は59.1％（127社中75社）にのぼり，「短期利益計画を予算編成の基礎としている」企業は35.4％（127社中45社）に過ぎず，前者は後者よりも23.7ポイントも高い。また，「短期利益計画を予算としている」と回答した企業は，1992年調査の24.3％（140社中34社）から2002年調査の45.5％（123社中56社）へ，さらに本調査の59.1％（127社中75社）へと大幅に増加している。

　これらの結果から，企業における短期利益計画の捉え方が，この20年間で，短期利益計画を予算編成の基礎というよりもむしろ予算そのものとして捉える方向へと大きく変化したこと，すなわち，短期利益計画と予算編成が一体化している状況を指摘することができる。

以上の経営計画（長期経営計画，中期経営計画，短期利益計画）の策定とその予算との関連に関する調査結果の検討から，回答企業の企業予算制度における次のような動向が浮かび上がってこよう。すなわち，多くの回答企業では，経営環境の変化に対応するため，長期経営計画よりも中期経営計画を策定し，それをローリング方式で運用している。そして，中期経営計画の初年度を短期利益計画と一体化した予算とし，中期経営計画（ないしは経営戦略）との連関および整合性の程度を高めている，という実態である。

3 予算委員会・予算期間

　予算委員会は，予算に関するさまざまなことを審議・勧告するために設置されるが，一般に，予算に関する意思決定機関ではなく諮問機関として位置づけられ，有効な予算管理を行う上で重要な機関であると考えられている。また，予算期間とは予算の適用期間であり，短期予算では1年以内，長期予算では1年を超える期間となる。短期予算では，通常1年を予算期間とするが，近年の法制度の改正による決算の短期化に伴い，基本とする予算期間を短期化したり，予算期間を細分化したりする企業がみられる。そこで本調査では，企業予算制度の基礎的事項として，予算委員会および予算期間（基本単位および最小期間）についても尋ねている[13]。

　まず，予算委員会の設置の有無〔Ⅱ-2〕についてみてみる。本調査において，予算委員会を「設置している」と回答した企業は17.0％（182社中31社），「事実上，その機能を他の機関が担当している」と回答した企業は69.2％（同126社），「同等機能を果たす機関を持っていない」と回答した企業は13.7％（同25社）であった。したがって，予算委員会あるいは予算委員会と同様の機能を有する機関をもつ企業は，合計で86.2％（同157社）を占めている。この結果を2002年調査および1992年調査と比較したものが**図表3-12**である。なお，質問票における選択肢の表現が各調査で異なることから，以下では予算委員会の設置の有無に対する回答を，「設置」「他の機関が担当」「機関を持たない」とし

[図表 3 -12]　予算委員会の有無

調査年＼回答	設　置	他の機関が担当	機関を持たない	合　計
2012年調査	31社 (17.0％)	126社 (69.2％)	25社 (13.7％)	182社 (100.0％)
2002年調査	38社 (24.1％)	104社 (65.8％)	16社 (10.1％)	158社 (100.0％)
1992年調査	37社 (21.3％)	123社 (70.7％)	14社 (8.0％)	174社 (100.0％)

て表記する。

　2002年調査および1992年調査において，予算委員会を「設置」または「他の機関が担当」と回答した企業は，1992年調査が92.0％（174社中160社），2002年調査が89.9％（158社中142社）であった。本調査の86.2％（182社中157社）と比較すると，予算委員会を「設置」あるいは「他の機関が担当」と回答した企業は，各調査で90％前後と高い割合を示しているが，僅かに減少傾向にあることもわかる。また，いずれの調査においても「他の機関が担当」と回答した企業の割合が最も多い。回答企業が挙げた他の機関の具体的な名称には，「経営委員会」や「経営会議」など，数多くのものが含まれていた（巻末の付録2を参照されたい）。

　次に，予算期間についてはどうであろうか。**図表 3 -13**は，予算期間の基本単位〔Ⅱ-10〕について，本調査と2002年調査および1992年調査の単純集計結果を比較したものである。

　本調査において，予算期間の基本単位として回答数が多かった上位3項目は，「1年」の63.8％（185社中118社），「1年であるが実質6カ月」の23.2％（同43社），「6カ月」の9.7％（同18社）であった。

　本調査と2002年調査および1992年調査との結果を比較すると，予算期間の基本単位を「1年」とする企業は，1992年調査の36.6％（172社中63社）から2002年調査の46.6％（161社中75社）へ，さらに本調査の63.8％（185社中118社）へと

[図表3-13] 予算期間の基本単位

調査年＼回答	1年	1年であるが実質6カ月	6カ月	3カ月	2カ月	1カ月	その他	合計
2012年調査	118社(63.8%)	43社(23.2%)	18社(9.7%)	2社(1.1%)	0社(0.0%)	3社(1.6%)	1社(0.5%)	185社(100.0%)
2002年調査	75社(46.6%)	56社(34.8%)	19社(11.8%)	8社(5.0%)	0社(0.0%)	3社(1.9%)	―	161社(100.0%)
1992年調査	63社(36.6%)	74社(43.0%)	27社(15.7%)	3社(1.7%)	0社(0.0%)	5社(2.9%)	―	172社(100.0%)

増加傾向にあることがわかる。これとは対照的に，「1年であるが実質6カ月」および「6カ月」とする企業は，1992年調査の58.7％（172社中101社）から2002年調査の46.6％（161社中75社）へ，さらに本調査の32.9％（185社中61社）へと減少傾向にある。

予算期間の基本単位を「1年」と回答した企業が1992年調査と2002年調査および本調査において増加傾向にあることは，年度単位の予算編成を重視する企業が増加したことを示している。現在のように経営環境の変化が激しい時代に，1年後の予算編成がどの程度の実現性をもつか疑問視する声もある。しかし，年度予算を月あるいは四半期単位で見直すこと，および予算を企業の中長期的な戦略との整合性を図る1つの指標と位置づけるならば，予算期間の基本単位を「1年」とする企業が増加傾向にあることは理解できよう。

次に，予算の最小期間〔Ⅱ-11〕について，本調査と2002年調査および1992年調査の単純集計結果を比較したものが図表3-14である。

本調査において，予算の最小期間として最も多かった回答は「1カ月」の68.5％（184社中126社）であった。予算の最小期間を「1カ月」とする企業は，1992年調査の54.9％（173社中95社）から2002年調査の70.9％（158社中112社）へと増加したが，本調査では若干減少した。また，予算の最小期間を「6カ月」と回答した企業は，1992年調査の36.4％（173社中63社）から2002年調査の20.3％（158社中32社）へ，さらに本調査の15.2％（184社中28社）へと減少傾向

[図表3-14]　予算の最小期間

調査年＼回答	6カ月	3カ月	2カ月	1カ月	なし	合計
2012年調査	28社 (15.2%)	20社 (10.9%)	0社 (0.0%)	126社 (68.5%)	10社 (5.4%)	184社 (100.0%)
2002年調査	32社 (20.3%)	8社 (5.1%)	1社 (0.6%)	112社 (70.9%)	5社 (3.2%)	158社 (100.0%)
1992年調査	63社 (36.4%)	9社 (5.2%)	3社 (1.7%)	95社 (54.9%)	3社 (1.7%)	173社 (100.0%)

にある。これらの傾向に対して，予算の最小期間を「3カ月」と回答した企業は，1992年調査と2002年調査ではそれぞれ5.2%（173社中9社）と5.1%（158社中8社）で横這いであったものが，本調査では10.9%（184社中20社）と，比率としては小幅ながら，増加傾向にあることが示された。

このような予算の最小期間に関する本調査の結果については，2つの理由が考えられる。第1に，予算の最小期間を「1カ月」と回答した企業が全体の68.5%であったことについては，経営環境の変化が激しい中で，予算を年度単位で編成し，次に月次に展開された財務目標の達成状況を毎月あるいは月次の累積数値に基づいて検討する。この検討により，年度予算における月次の達成度合いや当初予算の修正等を月単位で適時に実施することが可能である。このことから，「1カ月」と回答した企業が多いものと考えられる。

第2に，予算の最小単位を「3カ月」と回答した企業の増加については，近年における企業法制や会計制度の改正等が背景にあろう。それは，主として，2008年の金融商品取引法の施行に伴って四半期決算が義務化され，制度上3カ月単位の決算報告が求められるようになったことである。このような制度上の要請に応え，また予算編成の合理性を考慮した結果，予算の最小期間を「3カ月」に設定する企業が増加しているものと考えられる。

4 企業規模・業種・組織形態・業務形態と企業予算制度

　本節では，これまでみてきた企業予算制度の基礎的事項が，企業規模，主たる業種，組織形態および業務形態によっていかに特徴づけられるかを検討する。ただし，主たる業種および組織形態による差はほとんどみられなかったため割愛する。

　まず，本調査における回答企業の規模について，2002年調査および1992年調査と同様に，売上高および総人員という2つの側面からみてみる。図表3-15および図表3-16からわかるように，1992年調査と比較すると，本調査における回答企業の規模は，2002年調査と同様に小さい。しかし，2002年調査と比較すると，若干ではあるが，企業規模が大きくなったことがわかる。

[図表3-15] 売上高に基づく規模の分類

売上高＼調査年	1兆円以上	1,000億円以上	100億円以上	100億円未満	合計
2012年調査	18社(10.3%)	62社(35.4%)	79社(45.2%)	16社(9.1%)	175社(100.0%)
2002年調査	12社(7.9%)	50社(32.9%)	80社(52.6%)	10社(6.6%)	152社(100.0%)
1992年調査	27社(15.5%)	114社(65.5%)	33社(19.0%)	0社(0.0%)	174社(100.0%)

[図表3-16] 総人員に基づく規模の分類

総人員＼調査年	1万人以上	5,000人以上	1,000人以上	1,000人未満	合計
2012年調査	17社(9.7%)	19社(10.9%)	58社(33.1%)	81社(46.3%)	175社(100.0%)
2002年調査	11社(7.3%)	9社(6.0%)	56社(37.1%)	75社(49.7%)	151社(100.0%)
1992年調査	39社(22.4%)	39社(22.4%)	84社(48.3%)	12社(6.9%)	174社(100.0%)

企業規模に関する以下の分析では，売上高に基づく規模（以下，売上規模という）を用いる。その分類は，**図表3-15**と同様，「1兆円以上」「1兆円未満1,000億円以上」「1,000億円未満100億円以上」「100億円未満」の4つであり，それぞれ本調査において「最も大規模」「比較的大規模」「比較的小規模」「最も小規模」の企業群にあたる。これを踏まえ，本調査において売上規模との間に関連性が示唆された，企業予算制度の有無，予算委員会の有無，長期経営計画の策定，予算編成方針の策定について，売上規模別に調査結果の傾向をみていくことにする。

図表3-17は，企業予算制度の有無〔Ⅱ-1〕と売上規模〔Ⅰ〕とのクロス表である。両変数の独立性は1％水準で棄却されており，両変数間には関連性があると考えられる。

[図表3-17] 企業予算制度の有無と売上規模のクロス表

		売上規模				合計
		1兆円以上	1,000億円以上	100億円以上	100億円未満	
企業予算制度	あり	18社 (10.5%) .5	62社 (36.0%) 1.1	79社 (45.9%) 1.3	13社 (7.6%) −4.6	172社 (100.0%)
	なし	0社 (0.0%) −.5	0社 (0.0%) −1.1	0社 (0.0%) −1.3	2社 (100.0%) 4.6	2社 (100.0%)
合計		18社 (10.3%)	62社 (35.6%)	79社 (45.4%)	15社 (8.6%)	174社 (100.0%)

注1：Pearsonのカイ2乗値21.447，p＝0.000
注2：クロス欄の1段目は度数，2段目は行の割合，3段目は調整済み残差を示している（以下同様）。

図表3-17に示したように，企業予算制度を有していない企業のうち，売上規模が100億円未満の企業において，調整済み残差が4.6と1％水準で有意差が認められる。この結果から，企業予算制度は，売上規模の大小を問わずほぼすべての企業が有しているものの，売上規模が100億円未満の，本調査において最も小規模の分類に属する企業では，企業予算制度を有していない傾向が強い

ことが示唆された。

図表3-18は，予算委員会の有無〔Ⅱ-2〕と売上規模〔Ⅰ〕とのクロス表である。両変数の独立性は1％水準で棄却されており，両変数間には関連性があると考えられる。

[図表3-18] 予算委員会の有無と売上規模のクロス表

		売上規模				合計
		1兆円以上	1,000億円以上	100億円以上	100億円未満	
予算委員会	設置	0社 (0.0％) -2.1	12社 (40.0％) .6	15社 (50.0％) .6	3社 (10.0％) .3	30社 (100.0％)
	他の機関が担当	18社 (15.1％) 3.0	47社 (39.5％) 1.7	47社 (39.5％) -2.3	7社 (5.9％) -2.0	119社 (100.0％)
	機関を持たない	0社 (0.0％) -1.8	2社 (8.7％) -2.9	16社 (69.6％) 2.5	5社 (21.7％) 2.4	23社 (100.0％)
合計		18社 (10.5％)	61社 (35.5％)	78社 (45.3％)	15社 (8.7％)	172社 (100.0％)

注：Pearsonのカイ2乗値23.025，$p=0.001$

図表3-18より，予算委員会を「設置している」と回答した企業の割合は，売上規模が100億円以上1,000億円未満と1,000億円以上1兆円未満で高く，それぞれ50.0％（30社中15社）と40.0％（30社中12社）であることがわかる。また，それらの売上規模の企業では，予算委員会を他の機関が担当している割合もともに39.5％（119社中47社）と高い。ただし，売上規模が100億円以上1,000億円未満の企業のうち，予算委員会と「同等機能を果たす機関を持っていない」と回答した企業の割合も69.6％（23社中16社）と高めである。

より詳しくみると，売上規模が1兆円以上の企業では，予算委員会を設置しておらず（調整済み残差-2.1，$p<0.05$），他の機関が担当している傾向が強い（調整済み残差3.0，$p<0.01$）。また，売上規模が1,000億円以上1兆円未満の企業では，予算委員会の機関をもたない傾向が弱い一方で（調整済み残差-2.9，$p<$

0.01),100億円以上1,000億円未満および100億円未満の企業では,予算委員会と同等機能を果たす機関をもたず(調整済み残差2.5および2.4,p＜0.05),他の機関が担当している傾向も弱いようである(調整済み残差－2.3および－2.0,p＜0.05)。

これらの結果から,売上規模が1,000億円以上の,本調査において比較的大規模または最も大規模の分類に属する企業では,予算委員会の機能を他の機関が担当していることが多く,売上規模が1,000億円未満の,本調査において比較的小規模または最も小規模の分類に属する企業では,予算委員会と同等の機能を果たす機関をもっていないことが多いものと推察される。

図表3-19は,長期経営計画策定〔Ⅱ-3〕と売上規模〔Ⅰ〕とのクロス表である。両変数の独立性は5％水準で棄却されており,両変数間には関連性があると考えられる。

[図表3-19]　長期経営計画策定と売上規模のクロス表

		売上規模				合　計
		1兆円以上	1,000億円以上	100億円以上	100億円未満	
長期経営計画	策定している	6社 (18.2%) 1.6	15社 (45.5%) 1.3	8社 (24.2%) －2.7	4社 (12.1%) .8	33社 (100.0%)
	策定していない	12社 (8.7%) －1.6	46社 (33.3%) －1.3	69社 (50.0%) 2.7	11社 (8.0%) －.8	138社 (100.0%)
合　計		18社 (10.5%)	61社 (35.7%)	77社 (45.0%)	15社 (8.8%)	171 (100.0%)

注：Pearson のカイ2乗値 7.820, p＝0.050

図表3-19より,売上規模を回答している企業のうち,長期経営計画を「策定している」と回答した企業の割合は,19.3％(171社中33社)と低い一方で,「策定していない」と回答した企業の割合は,80.7％(171社中138社)と8割を超えてかなり高い。また,長期経営計画を「策定している」と回答した企業では,売上規模が1,000億円以上1兆円未満の割合が45.5％(33社中15社)と最も

高い一方で,「策定していない」と回答した企業では,売上規模が100億円以上1,000億円未満の割合が50.0％（138社中69社）と最も高く,そのような企業において長期経営計画を「策定していない」傾向が強いことが示唆された（調整済み残差2.7, p＜0.01）。

これらの結果から,売上規模が100億円以上1,000億円未満の,本調査において比較的小規模の分類に属する企業では,長期経営計画を策定していない企業が多いものと推察される。長期経営計画は,設定された経営ビジョンを実現するために,長期（5～10年）でやっておくべきことを明確にしたものである。長期経営計画では,将来的な見通しや今後強化していく分野,基本的な方針などが策定される。しかし,第2節および上述の分析結果から,長期経営計画を「策定していない」企業が増加している傾向をみてとることができる。その理由の1つとして,急速な経営環境の変化により,昨今では長期的な見通しを立てることが困難になっていることが挙げられよう。

図表3-20は,予算編成方針策定〔Ⅱ-9〕と売上規模〔Ⅰ〕とのクロス表である。両変数の独立性は1％水準で棄却されており,両変数間には関連性があると考えられる。

[図表3-20] 予算編成方針策定と売上規模のクロス表

		売上規模				合　計
		1兆円以上	1,000億円以上	100億円以上	100億円未満	
予算編成方針	策定している	15社 (11.7％) 1.0	52社 (40.6％) 2.4	53社 (41.4％) －1.6	8社 (6.2％) －2.2	128社 (100.0％)
	短期利益計画で代行	2社 (5.6％) －1.0	10社 (27.8％) －1.1	21社 (58.3％) 1.8	3社 (8.3％) －.2	36社 (100.0％)
	策定していない	1社 (9.1％) －.1	0社 (0.0％) －2.5	5社 (45.5％) .0	5社 (45.5％)	11社 (100.0％)
合計		18社 (10.3％)	62社 (35.4％)	79社 (45.1％)	16社 (9.1％)	175社 (100.0％)

注：Pearsonのカイ2乗値 25.366, p＝0.000

図表3-20より，予算編成方針を「策定している」と回答した企業の割合は73.1％（175社中128社）であり，多くの企業が予算編成方針を策定していることがわかる。また，予算編成方針を「策定している」と回答した企業のうち，売上規模が100億円以上1,000億円未満と1,000億円以上1兆円未満の割合は，それぞれ41.4％（128社中53社）と40.6％（128社中52社）であり，ほぼ同様に高い。さらに，売上規模が1,000億円以上1兆円未満の企業では，予算編成方針を「策定している」傾向が強いことが示唆された（調整済み残差2.4，$p<0.05$）。

「短期利益計画が実質上役割を代行している」と回答した企業の割合をみると，20.6％（175社中36社）であり，そのうち売上規模が100億円以上1,000億円未満の割合が58.3％（36社中21社）と最も高かった。また，「策定していない」と回答した企業の割合はわずかに6.3％（175社中11社）であり，売上規模が100億円未満の企業では，予算編成方針を「策定していない」傾向が強いことが示唆された（調整済み残差4.3，$p<0.01$）。

これらの結果から，1,000億円以上1兆円未満の，本調査において比較的大規模の分類に属する企業では，予算編成方針を「策定している」ことが多く，100億円以上1,000億円未満の，本調査において比較的小規模の分類に属する企業では，「短期利益計画が実質上役割を代行している」ことが比較的多いこと，その一方で，100億円未満の，本調査において最も小規模の分類に属する企業では，予算編成方針を「策定していない」ことが多いことが推察される。

次に，製造業の業務形態によって企業予算制度の基礎的事項がどのように特徴づけられるかをみてみる。業務形態については，「個別受注生産主体」「見込生産主体」「前2者の併用」という3つに区分した。図表3-21は，製造業の業務形態について，本調査と2002年調査および1992年調査における回答企業の構成を示したものである。

図表3-21より，本調査では2002年調査および1992年調査に比べて，「見込生産主体」と回答した企業の割合が，1992年調査の47.2％（125社中59社）から2002年調査の36.1％（108社中39社）へ，さらに本調査の23.9％（108社中26社）へと減少傾向にある一方で，「個別受注生産主体」と回答した企業の割合が，

[図表3-21] 製造業の業務形態

業務形態 調査年	個別受注生産主体	見込生産主体	前2者の併用	合　計
2012年調査	42社 (38.5%)	26社 (23.9%)	40社 (36.7%)	108社 (100.0%)
2002年調査	36社 (33.3%)	39社 (36.1%)	33社 (30.6%)	108社 (100.0%)
1992年調査	31社 (24.8%)	59社 (47.2%)	35社 (28.0%)	125社 (100.0%)

1992年調査の24.8%（125社中31社）から2002年調査の33.3%（108社中36社）へ，さらに本調査の38.5%（108社中42社）へと増加傾向にあることがわかる。また，「前2者の併用」と回答した企業の割合も，1992年調査以来，増加傾向にあることがみてとれよう。

これらの製造業の業務形態については，中期経営計画策定との間に関連性がみられた。図表3-22は，中期経営計画策定〔Ⅱ-4〕と業務形態〔Ⅰ〕とのクロス表である。両変数の独立性は5％水準で棄却されており，両変数間には関連性があると考えられる。

中期経営計画を「策定している」企業のうち，「個別受注生産主体」の割合は40.4%（94社中38社）と最も高く，「前2者の併用」39.4%（94社中37社）もこ

[図表3-22] 中期経営計画策定と業務形態のクロス表

		業務形態			合　計
		個別受注生産主体	見込生産主体	前2者の併用	
中期経営計画	策定している	38社 (40.4%) 1.2	19社 (20.2%) -2.7	37社 (39.4%) 1.1	94社 (100.0%)
	策定していない	3社 (23.1%) -1.2	7社 (53.8%) 2.7	3社 (23.1%) -1.1	13社 (100.0%)
合　計		41社 (38.3%)	26社 (24.3%)	40社 (37.4%)	107社 (100.0%)

注：Pearsonのカイ2乗値7.024，$p=0.030$

れに並んで割合が高い。また,「見込生産主体」の企業では,中期経営計画を「策定していない」傾向が強いことが示唆された（調整済み残差2.7, $p<0.01$）。

これらの結果から,製造業では,個別受注生産形態の企業よりも市場や消費者の急速な変化を予測する必要がある見込生産形態の企業の方が,中期経営計画の策定に困難を伴うことが推察される。中期経営計画を策定していないとする,このような見込生産主体の製造業における状況は,第2節の経営計画と予算との関連における検討を通して浮かび上がった中期経営計画を基盤とする企業予算制度のあり方とは異なるものである。本調査の分析では,業務形態とその他の企業予算制度の基礎的事項との間に統計的な関連性は見いだせなかったが,中期経営計画を策定していない見込生産主体の製造業でどのような企業予算制度が構築されているのかを,より詳細に調査・分析する必要があろう。

おわりに

本章では,1992年のバブル経済崩壊直後から長期にわたる景気低迷の時期を経た2012年までの20年間を対象に調査結果の検討を行った。この間,企業を取り巻く経営環境は激変してきた。とりわけ,企業活動のグローバル化の進展や企業の情報開示制度等の改正に対して,日本企業は新たな競争環境および制度環境等への対応を迫られてきた。

このような状況を背景として,本章では,調査対象期間における企業予算制度の基礎的事項,具体的には予算編成の目的,経営計画と予算との関連,予算委員会・予算期間および企業規模・業務形態と企業予算制度に関する変化の有無を検討した。たとえば,予算と経営計画との関連では,変化の激しい経営環境の下では長期的な見通しを立てることが困難であると考えられるため,長期経営計画を策定する企業は大幅な減少傾向にあった。

他方で,中期経営計画を策定する企業は増加傾向にあるとともに,短期利益計画を策定している企業の策定率は高く,しかもほとんどの企業は予算と関連させている。この背景には,企業が経営環境の変化にすみやかに対応するため,

予算の短期化を図るとともに，予算と中期経営計画・短期利益計画をより一体的に捉えようとする姿勢がみてとることができ，予算と短期利益計画に対する捉え方あるいは考え方が変化してきているものと考えられる。

このような変化は，企業が，伝統的な企業予算制度を前提としながらも，新たな経営環境等に対応するための予算制度の見直しあるいは修正を行ってきた結果であると考えられる。今後，日本企業は，グローバル競争環境が一層激化する中で，より適時かつ柔軟に予算制度の見直しを図りながら，予算編成の最も重要な目的として位置づけられる「所要の収益性の実現」を達成することが求められる。

[注]
(1) 日本管理会計学会・予算管理専門委員会（2005）を参照されたい。
(2) 安達（1992）および坂口（1993）を参照されたい。
(3) 以下，本調査の単純集計結果については，〔付録２〕193頁以下を参照されたい。
(4) 予算編成において重視する目的に関する質問において，本調査では重視する目的を３つ以内で，2002年調査では重視する目的の上位３つを，1992年調査では「重視する」「あまり重視しない」「重視しない」を複数回答で尋ねている。そこで，ここでは各調査における当該質問を回答数が３の制限複数回答形式の質問とみなして比較検討を行った。なお，2002年調査および1992年調査については，上位３つに挙げられた目的を「重視する」ものとして単純合計した。
(5) 予算編成において重視する目的を「部門主管者の業績評価」とした回答企業の割合は，1992年調査の64.5％（172社中111社）から2002年調査の37.9％（161社中61社）へ，さらには本調査の6.5％（184社中12社）へと急激に減少してきた。
(6) 予算原案作成上での部門の基本的目標の上位６項目には，「管理可能利益」21.2％（184社中39社）も含まれるが，予算編成において重視する目的のすべての項目との独立性は５％水準で棄却されず，両者の関連性は示唆されなかった。
(7) 以下のクロス表において，有効回答数が183社と，単純集計結果の有効回答数184社と異なっているのは，予算編成において重視する目的〔Ⅱ-8〕と予算原案作成上での部門の基本的目標〔Ⅲ-5〕における「無回答」１社がそれぞれ異なるからである。
(8) 2002年調査では，「部門業績の評価」と「社内金利控除後利益」「目標原価の維持」との関連性が示唆されたが（日本管理会計学会・予算管理専門委員会（2005）57-58頁を参照されたい），本調査では，いずれにおいても統計的に有意な関係は見いだされなかった。
(9) 1992年調査では，長期経営計画（計画期間４～５年）の策定の有無およびその

計画期間を尋ねている。回答企業174社中、計画期間5年の長期経営計画を策定している企業は80社であった。また、超長期経営計画（計画期間6年以上）の策定の有無およびその計画期間を尋ねている。その結果は、回答企業174社中、「策定している」と回答した企業は36社であった。上述の計画期間5年の長期経営計画を策定している企業80社の中には、同時に超長期経営計画をも策定している可能性がある。超長期経営計画を策定している企業がすべて計画期間5年の長期経営計画を策定しているものと仮定すると、計画期間5年以上の経営計画を策定している企業は80社であると推定できる。したがって、計画期間5年以上の経営計画、すなわち本調査および2002年調査でいう長期経営計画を策定している最低の企業数は80社であるということができよう。

なお、図表3-7における1992年調査の長期経営計画を「策定していない」と回答した81社は、1992年調査における超長期経営計画（計画期間6年以上）の策定の有無、また長期経営計画（計画期間4～5年）の策定の有無に回答を寄せた企業174社より、長期経営計画策定の有無に対する無回答企業数13社を控除し、その企業数より計画期間5年の経営計画を策定していると回答した企業数80社を控除した数である。

⑽　1992年調査では、中期経営計画（計画期間2年ないし3年）の策定の有無およびその計画期間を尋ねている。その結果は、回答企業174社中、「策定している」と回答した企業は119社であった。また、長期経営計画（計画期間4年ないし5年）の策定の有無およびその計画期間を尋ねている。その結果は、回答企業174社中、「策定している」は88社であり、計画期間によるその内訳は4年が3社、5年が80社、その他が3社、無回答が2社であった。上述の計画期間2年ないし3年の中期経営計画を策定している企業119社の中には、同時に計画期間4年の長期経営計画を策定しているという可能性も否定できない。加えて、4年の長期経営計画を策定している企業はわずか3社に過ぎない。このような点からして、この3社、すなわち計画期間4年の長期経営計画を策定している企業数3社を無視して、計画期間1年超5年未満の経営計画、すなわち本調査および2002年調査でいう中期経営計画を策定している企業数を119社としても、その企業数119は同計画を策定しているきわめて実態に近い企業数になるものと考えることができる。

⑾　2002年調査および1992年調査では、⑴中長期経営計画を基礎として予算を編成、⑵中長期経営計画の一環（初年度分）として予算を編成、いわゆるローリング方式、⑶⑴であって⑵の役割もある、⑷予算は中長期経営計画とは別個に編成、のいずれであるかを尋ねた。これに対し、本調査では、2002年調査および1992年調査における⑶の選択肢を削除し、⑴、⑵、⑷を選択肢として尋ねた〔Ⅱ-5〕。

⑿　2002年調査および1992年調査では、⑴短期利益計画を予算編成の基礎、⑵短期利益計画は予算の一環、⑶⑴であって⑵の役割もある、⑷予算は短期利益計画とは別個に編成、のいずれであるかを尋ねた。これに対し、本調査では、2002年調査および1992年調査における⑶の選択肢を削除し、⑴、⑵、⑷を選択肢として尋ねた〔Ⅱ-7〕。また、本調査と2002年調査および1992年調査とでは、選択肢⑵の表現が若干異なっている。本調査では「短期利益計画を予算としている」としているのに対し、2002年調査および1992年調査では「短期利益計画は予算の一環」

としている。このように選択肢(2)の表現が若干異なってはいる。しかし，両者は同じことを意味していると考えてよい。

⒀　予算委員会・予算期間について本調査と2002年調査および1992年調査とを比較検討する上で留意すべき点が2つある。第1は，本調査では，2002年調査および1992年調査に比べ，調査項目を削減したことである。2002年調査および1992年調査では，①予算委員会の有無，②予算委員会の委員長，③予算委員会の審議・勧告事項，④予算の基本期間の単位，⑤予算の最小期間，⑥予算の編成期間の6項目であったが，本調査では，①予算委員会の有無，②予算期間の基本単位，③予算の最小期間，の3項目であった。したがって，本調査では，2002年調査および1992年調査との比較検討において，検討範囲が限定的なものにならざるを得ないという点である。第2は，本調査と2002年調査および1992年調査とでは，質問項目の表現が若干異なっている。たとえば，2002年調査および1992年調査の質問項目は「予算の基本期間の単位」であるが，本調査では「予算期間の基本単位」と表現が改められている点である。

第4章　予算編成に関する分析

はじめに

　本章は，平成24（2012）年11月に実施した「わが国企業予算制度の実態調査」に基づき，予算編成に関するアンケート調査の結果を分析したものである。第1節では，予算編成方針の策定において企業が重要視する項目を明らかにし，第2節，第3節では，企業内組織としての部門に焦点を当て，予算編成における部門の参加および部門予算案の作成と調整について検討している。また第4節から第6節では，予算原案作成上の基本的目標，予算編成上の障害，および当初予算の点検と修正についてアンケートの回答をもとに分析している。本章は，本調査と2002年調査[1]および1992年調査[2]とを比較検討し，3回の調査[3]においてどのような変化がみられるかを分析したものである。

1　予算編成方針の策定

　予算編成方針を策定し予算原案を作成するには，企業が置かれている状況を把握する必要がある。とりわけ，現在のように，企業の経済活動がグローバル化し，ますます厳しくなる競争環境のもとでは，企業内外の状況を把握することは極めて重要な課題である。そこで，予算原案を作成するにあたって示達されるべき環境条件的事項〔Ⅲ-1〕の中でどのような情報が重要視されるのであろうか。その点について，本調査と2002年調査および1992年調査の単純集計

結果を比較したものが**図表4-1**である。1992年調査では,「重視されるものを上位から3つ挙げてください」,本調査では,「重視するものを3つ以内で挙げてください」と尋ねているので,単純には比較できないが,**図表4-1**をみると,概ね以下のことがいえるであろう。

本調査,2002年調査,1992年調査ともに最も多くの企業が挙げているのが「一般経済情勢」である。本調査では71.4%（185社中132社）,2002年調査では60.9%（161社中98社）,1992年調査では86.2%（174社中150社）であり,前回の調査と比較して10.5ポイント増加している。それに続いて多くの企業が挙げているのが「主要製品の販売予測」と「業界動向」である。前者については,2002年調査では最も多くの企業（78.3%：161社中126社）が挙げており,前回と

[図表4-1] 重要な環境条件的事項

調査年＼回答	一般経済情勢	業界動向	競争企業動向	主要製品の販売予測
2012年調査	132社 (71.4%)	98社 (53.0%)	28社 (15.1%)	115社 (62.2%)
2002年調査	98社 (60.9%)	107社 (66.5%)	35社 (21.7%)	126社 (78.3%)
1992年調査	150社 (86.2%)	103社 (59.2%)	44社 (25.3%)	79社 (45.4%)
調査年＼回答	所要諸資源の価格動向	主要な中長期投資動向	重要な諸資源の需給動向	その他
2012年調査	70社 (37.8%)	22社 (11.9%)	37社 (20.0%)	5社 (2.7%)
2002年調査	70社 (43.5%)	26社 (16.1%)	10社 (6.2%)	3社 (1.7%)
1992年調査	125社 (71.8%)	69社 (39.7%)	46社 (26.4%)	4社 (2.3%)

注1：有効回答数は次のとおりである。2012年調査185社,2002年調査161社,1992年調査174社。なお,「無回答」および「不明」を除く。
注2：1992年調査では,上位部門（部長以上）と下位部門に調査対象を分けて実施している。質問項目に関して意思決定権をもっていると思われるので,ここでは上位部門の回答を対象にした（以下,同様）。
注3：「重要な諸資源需給動向」は,2002年および1992年調査では「基礎的諸資源需給動向」である。

比較して16.1ポイント減少しているとはいえ，本調査においても多くの企業（62.2％：185社中115社）が挙げている。また後者については，2002年調査と比較して13.5ポイント減少しているとはいえ，半数以上の企業（53.0％：185社中98社）が回答している。

それに対して，「所要諸資源の価格動向」と「主要な中長期投資動向」は激減している。前者については，1992年調査の71.8％（174社中125社）から2002年調査の43.5％（161社中70社），本調査の37.8％（185社中70社）へとほぼ半減し，後者については，1992年調査の39.7％（174社中69社）から2002年調査の16.1％（161社中26社），本調査の11.9％（185社中22社）へと激減している。

「その他」（5社）の中には，「子会社の業績動向」「グループ企業内の投資計画，事業計画等」という回答があった。

それでは，予算編成方針の策定にあたってどのようなものが重要視されるのであろうか〔Ⅲ-2〕。本調査と2002年調査および1992年調査の単純集計結果を比較したものが図表4-2である。なお，上記の〔Ⅲ-1〕の場合と同様に，調査結果の比較検討においては，各調査における回答方法等が異なることに留意しなければならない。

1992年調査（85.6％：167社中143社），2002年調査（96.3％：160社中154社）に引き続き，本調査においても最も多くの企業（95.1％：185社中176社）が「全社的利益目標または収益目標」と回答している。さらに，3回の調査とも三分の二を超える企業が「部門目標（利益・収益・原価）」と回答している。ただし，1992年調査では「上位部門の収益目標」と「下位部門の収益目標」とに分けて回答を求めている。また逓減しているとはいえ，本調査においても過半数の企業（53.5％：185社中99社）が「全社的事業方針」を挙げている。最も多くの企業が「全社的利益目標または収益目標」を挙げているのは前章において「予算編成において重視する目的」を検討したさいに，「所要の収益性の実現」を最も多くの企業が挙げていたことと符合している。

対照的に，「上位部門・下位部門の業務執行の基本的方針」は1992年調査の64.1％から本調査の13.5％，「上位部門・下位部門の個別業務の具体的方針」は

1992年調査の27.0％から本調査の2.2％へとともに激減している。前章において「予算編成において重視する目的」について検討してきたが、そこでは「個別業務の能率管理」「個別業務活動の調和的達成」という回答が1992年調査と比較して本調査では激減していた。このように予算編成において重視されていな

[図表4-2]　予算編成方針において重視されるもの

調査年＼回答	全社的利益目標または収益目標	全社的事業方針	重要な諸資源調達・配分方針	主要な生産・販売等の業務方針
2012年調査	176社(95.1％)	99社(53.5％)	30社(16.2％)	33社(17.8％)
2002年調査	154社(96.3％)	96社(60.0％)	27社(16.9％)	55社(34.4％)
1992年調査	143社(85.6％)	133社(79.6％)	69社(41.3％)	83社(49.7％)

調査年＼回答	部門目標（利益・収益・原価）		上位部門・下位部門の業務執行の基本的方針	上位部門・下位部門の個別業務の具体的方針
	上位部門の収益目標	下位部門の収益目標		
2012年調査	125社(67.6％)		25社(13.5％)	4社(2.2％)
2002年調査	106社(66.3％)		14社(8.8％)	15社(9.4％)
1992年調査	107社(64.1％)	18社(10.8％)	107社(64.1％)	45社(27.0％)

注1：有効回答数は次のとおりである。2012年調査185社，2002年調査160社，1992年調査167社。なお，「無回答」および「不明」を除き，2012年調査では，「その他」が185社中2社（1.1％）あったが，「工場部門の原価目標，生産性目標」「セグメントの利益目標・収益目標・原価目標」という回答であった。
注2：本調査，2002年調査では，「予算編成方針において重視されるもの」という表現で質問がされ，その上，本調査では，「重視するものを3つ以内で挙げてください」，2002年調査では，「重視されるものを上位から3つ挙げてください」と尋ねている。それに対して，1992年調査では，「予算編成方針示達の詳細さ」という表現で質問がなされ，しかも複数回答が可能である。
注3：1992年調査では，上位部門（部長以上）と下位部門に調査対象を分けて実施しているが，ここでは上位部門の回答を対象にしている。
注4：1992年調査では，「上位部門の収益目標」と「下位部門の収益目標」と分けているが，本調査および2002年調査では「部門目標（利益・収益・原価）」という表現でまとめている。また1992年調査では「上位部門・下位部門の業務執行の基本的方針」と「上位部門・下位部門の個別業務の具体的方針」と分けているが，2002年調査および2012年調査では「部門の業務執行の基本方針」と「部門の個別業務の具体的方針」という表現にまとめている。

いものは予算編成方針において重視されていないからと考えられる。

続いて，予算編成方針を策定する手順〔Ⅲ-3〕についてみることにしよう。そのことについて，本調査と2002年調査および1992年調査の単純集計結果を比較したものが**図表4-3**である。

図表4-3から，「予算事務担当部門が原案を主導的に作成し，トップが承認」と回答している企業が，1992年調査の58.2％（170社中99社）から2002年調査では44.4％（160社中71社）へと減少し，さらに本調査では32.8％（183社中60社）まで減少していることがわかる。つまり，20年前と比較して25.4ポイント減少している。

他方で，「部門が方針原案を提示し，予算事務担当部門が調整の後，トップが承認」と答えた企業が，1992年調査の18.8％（170社中32社），2002年調査の19.4％（160社中31社）から，本調査では32.8％（183社中60社）まで増加し，上の「予算事務担当部門が原案を主導的に作成し，トップが承認」と回答した企業と同数となっている。

また「トップが基本的方針を提示し，予算事務担当部門が具体的方針を作成」と答えた企業は，1992年調査の18.2％（170社中31社）と比較して5.8ポイント増加し，本調査では24.0％（183社中44社）となっている。さらに「トップが具体的方針を提示し，予算事務担当部門が補整」と答えた企業は1992年調査の2.9％（170社中5社）から5.3ポイント増加して，本調査では8.2％（183社中15社）となっている。それ以外に「その他」の回答をみると，「トップが基本（的）方針を提示し，……」という企業が3社ある。

これらの数値をみると，かつては三分の二の企業が予算事務担当部門で原案を主導的に作成していたのに対し，その割合が減り，他方でトップが基本的方針・具体的方針を提示する企業，ならびに部門が方針原案を提示する企業が増えており，ほぼ三分されたかたちになっている。後にみるように，予算編成方針の策定における予算事務担当部門の役割が軽減し，トップの主導へと変化してきているように思われる。

[図表 4 - 3]　予算編成方針策定の手順

調査年＼回答	トップが具体的方針を提示し，予算事務担当部門が補整	トップが基本的方針を提示し，予算事務担当部門が具体的方針を作成	予算事務担当部門が原案を主導的に作成し，トップが承認	部門が方針原案を提示し，予算事務担当部門が調整の後，トップが承認	その他
2012年調査	15社(8.2%)	44社(24.0%)	60社(32.8%)	60社(32.8%)	4社(2.2%)
2002年調査	5社(3.1%)	53社(33.1%)	71社(44.4%)	31社(19.4%)	0社(0.0%)
1992年調査	5社(2.9%)	31社(18.2%)	99社(58.2%)	32社(18.8%)	3社(1.8%)

注：有効回答数は次のとおりである。2012年調査183社，2002年調査160社，1992年調査170社。なお，「無回答」および「不明」を除く。

2　予算編成における部門の参加

　いかに有効な予算が編成されたとしても，その達成の責任を負う各組織成員が，十分な努力を傾注しないならば効果のあるものとはならない。予算を有効なものとするためには各組織成員に対する動機づけが必要である。予算編成プロセスへの部門の参加は，この動機づけとして機能すると考えられている。そこで，予算編成における部門の参加の程度〔Ⅲ-4〕を調査した。**図表4-4**は，本調査と2002年調査および1992年調査において，上段は「積極的」と，下段は「まったく消極的」と回答した企業数である。
　本調査における部門の参加程度については，「全社的目標・方針の設定」では45.1％（182社中82社），「当該部門の目標・方針の設定」では84.1％（同153社），「当該部門の予算原案作成・修正」では86.3％（同157社）が「積極的」と回答している。全体的に予算編成における部門の参加程度が高いことを示している。2002年調査，1992年調査も同様の傾向がみられ，日本企業では参加型予算が重視されているようである。

[図表4-4] 予算編成における部門の参加

上段：積極的 下段： 全く消極的	全社的 目標・方針 の設定	本社費予算 原案作成	本社費予算 原案修正	当該部門の 目標・方針 の設定	当該部門の 予算原案 作成	当該部門の 予算原案 修正
2012年調査	82社 (45.1%)	—	—	153社 (84.1%)	157社 (86.3%)	
	5社 (2.7%)	—	—	1社 (0.5%)	1社 (0.5%)	
2002年調査	72社 (45.3%)	90社 (56.6%)	81社 (50.9%)	143社 (89.9%)	143社 (89.9%)	120社 (75.5%)
	43社 (27.0%)	28社 (17.6%)	28社 (17.6%)	2社 (1.3%)	1社 (0.6%)	2社 (1.3%)
1992年調査	87社 (51.8%)	71社 (42.3%)	59社 (35.1%)	148社 (88.1%)	139社 (82.7%)	116社 (69.0%)
	49社 (29.2%)	58社 (34.5%)	61社 (36.3%)	7社 (4.2%)	15社 (8.9%)	12社 (7.1%)

注1：有効回答数は次のとおりである。2012年調査182社，2002年調査159社，1992年調査168社。なお，「無回答」および「不明」を除く。
注2：本調査では，「きわめて積極的」から「まったく消極的」までの7点尺度で尋ねたので，5～7の回答を「積極的」企業，1と回答した企業を「まったく消極的」企業として集計した。また，2002年調査では「非常に積極的」と「積極的」に回答項目を細分しているので，これを一括して「積極的」と回答した企業として集計し，「全く行わない」と回答した企業を「まったく消極的」企業として集計した。1992年調査では，「積極的」と回答した企業を「積極的」企業，「参加しない」と回答した企業を「まったく消極的」企業として集計した。
注3：本調査では，「当該部門」と表現したが，2002年調査，1992年調査では，「当部門」である。

　本調査を，「積極的」企業について，より詳細に分析したのが**図表4-5**である。**図表4-5**から「当該部門の目標・方針の設定」および「当該部門の予算原案の作成・修正」に積極的に参加すると回答した153社および157社のうち，より積極的な「6」および「7」と回答した企業は，それぞれ61.0％（182社中111社），64.3％（同117社）であり，「全社的目標・方針の設定」の27.5％（同50社）と比較すると，自部門に関する予算編成に対して極めて強い関与が窺われる。

　2002年調査，1992年調査でも同様に，予算編成における部門の参加程度は，全社的な予算編成に関してよりも，予算達成に直接責任を負う自部門の予算編

成に関して「積極的」と回答した企業が多かった。

[図表4-5] 本調査の予算編成における部門の参加程度（積極度）

	全社的目標・方針の設定	当該部門の目標・方針の設定	当該部門の予算原案の作成・修正
きわめて積極的 7	16社 (8.8%)	47社 (25.8%)	46社 (25.3%)
6	34社 (18.7%)	64社 (35.2%)	71社 (39.0%)
合計	50社	111社	117社

　図表4-4の下段は，部門参加について本調査では「1」と回答した企業を，2002年調査では「全く行わない」と回答した企業を，1992年調査では「参加しない」と回答した企業を集計した結果である。

　1992年調査で「参加しない」と回答した企業は，「当該部門の目標・方針の設定」では4.2％（168社中7社），「当該部門の予算原案作成」では8.9％（同15社），「当該部門の予算原案修正」では7.1％（同12社）であった。同様の項目それぞれについて，2002年調査で，「全く行わない」と回答した企業は，1.3％（159社中2社），0.6％（同1社），1.3％（同2社）であり，本調査では「まったく消極的」と回答した企業は，「当該部門の目標・方針の設定」では0.5％（182社中1社），「当該部門の予算原案の作成・修正」では0.5％（同1社）であった。1992年調査で「参加しない」と回答した企業の比率と比較して，2002年調査で「全く行わない」と回答した企業の比率は低くなっており，本調査でもその傾向は続いている。本調査の結果からは，自部門に関する予算編成への部門参加について，程度に差こそあれ，2002年調査のときから引き続き，かつ1992年調査のときよりもその参加度合を増してきているといえよう。

　他方で，本調査と2002年調査および1992年調査との比較により気づくことがある。前回の2002年調査のときに「全社的目標・方針の設定」への部門の積極的参加が，1992年調査では51.8％（168社中87社）であったものが，45.3％（159

社中72社）にとどまったということである。**図表4-4**からみてとれるように，「全社的目標・方針の設定」への部門の積極的参加は本調査結果も45.1％（182社中82社）と，2002年調査結果と同程度であり，自部門に関する予算編成への部門参加に比較して構成比はかなり低い。「全社的目標・方針の設定」への参加は，トップ・マネジメントの果たすべき重要な職能である。そのようにみるならば，この構成比の原因は，組織成員の動機づけという視点からよりも，むしろトップ・マネジメントの強いリーダーシップを必要とすることの視点からみることができよう。

また，「全社的目標・方針の設定」への部門参加程度が「まったく消極的」と回答した企業は，本調査では2.7％（182社中5社）であり，2002年調査27.0％（159社中43社），1992年調査29.2％（168社中49社）と比較してその構成比を大きく低下させている。本調査結果は，1992年調査および2002年調査と比較して，自部門ほど積極的参加でないが，程度の差はあるにしても，「全社的目標・方針の設定」への部門の参加程度の増大を推測させる。このことは，前節の**図表4-3**で，「部門が方針原案を提示し，予算事務担当部門が調整の後，トップが承認」と回答した企業が，1992年調査および2002年調査と比較して構成比を大きく増加させているということと符合する。

「全社的目標・方針の設定」について消極的ではあるが，部門の参加度合は増大しているという調査結果は，前述のトップ・マネジメントの機能強化という視点に加えて，予算編成における組織成員の動機づけ機能以外の要因，たとえば，ますます複雑かつ不確実性を高めている経営環境の変化への対処としての情報機能からみることができるかもしれない。

3 部門予算案の作成と調整

部門予算は，総合予算を編成するために重要である。そこで，ここでは部門予算案の作成と調整に関連した項目について検討する。

まず，部門予算での基本的目標と業績評価基準との一貫性〔Ⅲ-6〕につい

て，本調査と2002年調査および1992年調査の単純集計結果を比較したものが**図表 4-6** である。

これによると，1992年調査では回答方法に若干の違いがあるため，単純な比較はできないものの，部門予算での基本的目標を業績評価の基準としている企業が大半を占め，3回の調査ともに70%を超えている。また本調査に至っては80%近い企業で基準としている。

予算の達成に対して動機づけられるためには，部門予算と業績評価基準の強い関連が必要であると考えられる。1992年調査から本調査に至る過程では，**図表 4-6** において，部門予算での基本的目標を評価基準としている企業の割合に増加傾向がみられていることは，望ましい傾向であろう。このことは，前章において，「部門成果の評価」が増加していることと整合的である。

[図表 4-6] 部門予算での基本的目標と業績評価基準との関係

調査年 \ 回答	基準としている	基準としていない
2012年調査	144社 (79.1%)	38社 (20.9%)
2002年調査	124社 (77.5%)	36社 (22.5%)
1992年調査	128社 (74.0%)	45社 (26.0%)

注1：有効回答数は次のとおりである。2012年調査182社，2002年調査160社，1992年調査173社。なお，「無回答」および「不明」を除く。
注2：1992年調査では，上位部門（部長以上）と下位部門に調査対象を分けて実施している。ここでは上位部門の回答を対象にしている。

他方で，2割程度の企業では部門予算での基本的目標を業績評価の基準としていないとの回答がなされている。部門によっては，売上高などの比較的受け入れられやすい基本的目標の設定が可能であるが，管理部門などでは容易に設定できないことも考えられる。そこで，その傾向の一部でもみるために，本調査および2002年調査において，**図表 4-6** と予算実績差異分析の結果の利用目

的〔V-2〕とをクロス集計した。その結果が**図表4-7**である。

　予算実績差異分析の結果の利用目的〔V-2〕の質問では，複数回答が可能であるが，ここではそのうち業績評価に関わる項目についてみていく。これによると，評価基準とする企業（144社）では，予算実績差異分析の結果を「部門の業績評価に用いている企業」が31社，「部門主管者の業績評価に用いている企業」が5社，「両者に用いている企業」が11社という結果であった。また，評価基準としていない企業（38社）では，予算実績差異分析の結果を「部門の業績評価に用いている企業」が1社という結果であった。全体として，部門予算での基本的目標を業績評価の基準としている企業のうち，予算実績差異分析の結果を業績評価に用いている企業は，2002年調査では65.3％（124社中81社）であったものが，本調査では32.6％（144社中47社）と半減していることは興味深い。このことは，前章の「部門主管者の業績評価」が減少していることと整合的である。

[図表4-7]　業績評価基準と予算実績差異分析との関係

2012年調査

評価基準＼差異分析	部門の業績評価	部門主管者の業績評価	左記の両方
基準としている	31社	5社	11社
基準としていない	1社	0社	0社

2002年調査

評価基準＼差異分析	部門の業績評価	部門主管者の業績評価	左記の両方
基準としている	50社	5社	26社
基準としていない	6社	0社	1社

注1：有効回答数は次のとおりである。2012年調査144社，2002年調査124社。なお，「無回答」および「不明」を除く。
注2：2002年調査では，当該質問の回答項目に「各部門では部門予算原案を作成しない」があるが，本分析においては本調査との対応を考慮しこの項目への回答企業を除いて示している。

　次に，部門予算原案を作成する場合の手続〔Ⅲ-8〕について，本調査およ

び2002年調査の単純集計結果を比較したものが**図表4-8**である。

これによると，2002年調査では，最も多くの企業（49.1%：159社中78社）が「予算編成方針に従って作成」と回答しているのに対して，本調査では最も多くの企業（49.4%：174社中86社）が「予算編成方針と部門予算原案とを調整の上，作成している」と回答している。それでも，本調査と2002年調査において，この2つの回答が多く，一方で「独自に作成している」と回答した企業は，それぞれの調査で6.9%（174社中12社）と8.2%（159社中13社）と比較的少なかった。この結果より，基本的には部門予算原案の作成においては予算編成方針に従い，また部門予算原案と調整しながら作成する企業が増えているようにみえる。

[図表4-8] 部門予算原案作成手順

調査年＼回答	予算編成方針に従う	独自に作成	予算編成方針と部門予算原案とを調整
2012年調査	76社 (43.7%)	12社 (6.9%)	86社 (49.4%)
2002年調査	78社 (49.1%)	13社 (8.2%)	68社 (42.8%)

注：有効回答数は次のとおりである。2012年調査174社，2002年調査159社。なお，「無回答」および「不明」を除く。

4 予算原案作成上の基本的目標

図表4-9は，予算原案作成上での部門の基本的目標〔Ⅲ-5〕についての単純集計結果である。

各調査における回答方法が異なり，調査結果の比較検討においてはその点を留意しなければならないが，3回の調査ともに高い数値を挙げているのが「売上高」であり，本調査では75.5%（184社中139社），2002年調査では76.7%（159社中122社），1992年調査では93.5%（170社中159社）である。その次に本調査および1992年調査において多くの企業が挙げているのが「売上高利益率」であり，

本調査では52.2％（184社中96社），1992年調査では51.8％（170社中88社）の企業が回答している。2002年調査では，2番目に多くの企業が挙げているのは「本社費配賦後利益」であり，46.5％（159社中74社）の企業が挙げているが，「売上高利益率」は3番目に多くの企業（37.1％：159社中59社）が挙げている。前章において「予算編成において重視する目的」として最も多くの企業が挙げていたのが「所要の収益性の実現」であったことに鑑みると，当然の結果であろうか。

他方で，1992年調査において2番目に多くの企業が回答していた「売上高成長率」は，2002年調査においては1992年調査と比較して66.1ポイント（1992年調査の80.6％：170社中137社から2002年調査の15.5％：159社中23社）減少し，さらに本調査でも10.3％（184社中19社）と，2002年の調査と比較して5.2ポイント減少している。また，「市場占有率」についても，1992年調査の42.9％（170社中73社）から2002年調査の3.1％（159社中5社），本調査の1.1％（184社中2社）へと激減している。このような成長性や拡張路線を示す指標がこの20年の間に激減したのは，1970年代のオイルショックを境に高度経済成長期が終焉し経済が安定期へと移行し，さらには1990年代には未曾有の金融不安，平たく言えば「バブル」が弾けたのち，リーマンショックが追い討ちをかけた中，その後の成長を模索する過程，いわゆる失われた10年，20年といわれている現在の厳しい経済環境の1つの表れであると考えられる。

その他では，2002年調査との比較では減少しているが，「本社費配賦後利益」（28.3％：184社中52社），および「管理可能利益」（21.2％：184社中39社）が依然として多くの企業により挙げられている一方，「社内金利控除後利益」は2002年調査では1992年調査と比較してほぼ倍増（12.9％：170社中22社から23.9％：159社中38社）していたが，本調査では4.9％（184社中9社）であり，1992年調査のレベル以下に激減している。また「残余利益」は2002年調査の12.6％（159社中20社）から2.2％（184社中4社）へと激減し，「投資利益率」（4.3％：184社中8社）や「資本利益率」（4.9％：184社中9社）も低い数値を示している。資本効率を重視している企業は未だ一般的ではないようである。

[図表 4-9] 予算原案作成上での部門の基本的目標

回答調査年	売上高	売上高成長率	市場占有率	生産高	付加価値生産性	原価引下げ
2012年調査	139社(75.5%)	19社(10.3%)	2社(1.1%)	11社(6.0%)	8社(4.3%)	39社(21.2%)
2002年調査	122社(76.7%)	23社(15.5%)	5社(3.1%)	9社(5.7%)	10社(6.3%)	37社(23.3%)
1992年調査	159社(93.5%)	137社(80.6%)	73社(42.9%)	30社(17.6%)	18社(10.6%)	41社(24.1%)

回答調査年	目標原価の維持	売上高利益率	投資利益率	資本利益率	管理可能利益	本社費配賦後利益
2012年調査	13社(7.1%)	96社(52.2%)	8社(4.3%)	9社(4.9%)	39社(21.2%)	52社(28.3%)
2002年調査	8社(5.0%)	59社(37.1%)	3社(1.9%)	10社(6.3%)	35社(22.0%)	74社(46.5%)
1992年調査	22社(12.9%)	88社(51.8%)	―	16社(9.4%)	57社(33.5%)	48社(28.2%)

回答調査年	社内金利控除後利益	残余利益	キャッシュフロー	配当性向	その他
2012年調査	9社(4.9%)	4社(2.2%)	30社(16.3%)	―	18社(9.8%)
2002年調査	38社(23.9%)	20社(12.6%)	12社(7.5%)	5社(3.1%)	1社(0.0%)
1992年調査	22社(12.9%)	―	36社(21.2%)	16社(9.4%)	9社(5.3%)

注1：有効回答数は次のとおりである。2012年調査184社，2002年調査159社，1992年調査170社。なお，「無回答」および「不明」を除く。
注2：2012年調査では，「重視するものを3つ以内で挙げてください」，2002年調査では，「重視されるものを上位から5つ挙げてください」，1992年調査では，部門予算原案作成上での基本的目標を重視されるものを複数回答が可能で尋ねている。ただし，2002年調査については，第1位から第3位までを単純集計している。

5　予算編成上の重大な障害

　企業内外の経営環境は複雑かつ不確実であり，予算はこれらの問題を解決するためにも，重要な役割を果たすことになる。しかし，その予算もまた，さまざまな経営環境の影響を受けることになる。予算を有効なものとするためには，それらの障害をみつけて取り除くことが必要である。そこで予算編成上，重大な障害と思う項目を3つ以内で挙げてもらった〔Ⅲ-9〕。

　図表4-10によると，本調査の単純集計の結果は73.9％（184社中136社）が「環境変化予測の困難性」を挙げている。2002年調査では第1順位から第5順位までを挙げてもらったが，第3順位までの単純集計は72.2％（158社中114社），1992年調査では「極めて重要」「かなり重要」と回答した項目の単純集計は84.5％（174社中147社）であり，同様の最も高い回答結果となっている。

　予算は，将来に対する予測ないし見積に基づいて編成されるものであり，その意味では必ずしも正確ではなくその信頼性に欠けるきらいもあるという側面があることは否めない。したがって，どのくらい正確な環境予測ができるかということは予算の信頼性を高めるために重要な問題となる。このことから本調査を含めて3回の調査において最も多くの企業が予算編成上の重大な障害として「環境変化予測の困難性」を挙げたものと思われる。とくに3回の調査の間の経済環境の悪化は，将来への明るい予測をしにくい環境にあった。誤った環境予測によって企業を危険な状態にさらす恐れがあることから，なおさら予算編成の難しさを実感していたものと思われる。

　しかしながら，予算編成はそうした厳しい経営環境の変化の影響に目を向けるものであり，こうした状況であるからこそ予算が重要であるともいえる。1992年調査において，坂口（1993）は「戦略的経営計画をバックに持った企業予算の編成とその執行こそが……産業の生存と発展にとって重要な課題である」[4]と指摘している。本調査でも同様のことが指摘できるのではないだろうか。

　その他に多くの回答があった項目は，1992年調査では，「現状是認的傾向を

醸成」67.8%（174社中118社），「予算の弾力性に対する認識不足」52.9%（同92社），「単年度計画思考過大視」52.3%（同91社），「予算の規範性に対する認識不足」49.4%（同86社）であり，2002年調査では，「現状是認的傾向を醸成」44.3%（158社中70社），「予算編成の意義への認識の欠如」40.5%（同64社），「編成要費・手数」22.2%（同35社），「予算の弾力性に対する認識不足」20.9%（同33社）であった。本調査でも「環境変化予測の困難性」に圧倒的に多くの回答がありはしたものの，「予算編成の意義への認識の欠如」27.7%（184社中51社），「編成要費・手数」27.7%（同51社）に前2回の調査同様，重大な障害を抱えているようである。

[図表4-10] 予算編成上の重大な障害

調査年＼回答	予算編成の意義への認識の欠如	予算編成方針が不明確	データ収集の困難性	現状是認的傾向を醸成	環境変化予測の困難性	単年度計画思考過大視
2012年調査	51社(27.7%)	7社(3.8%)	21社(11.4%)	24社(13.0%)	136社(73.9%)	30社(16.3%)
2002年調査	64社(40.5%)	23社(14.6%)	27社(17.1%)	70社(44.3%)	114社(72.2%)	26社(16.5%)
1992年調査	76社(43.7%)	64社(36.8%)	61社(35.1%)	118社(67.8%)	147社(84.5%)	91社(52.3%)
調査年＼回答	予算の規範性に対する認識不足	予算の弾力性に対する認識不足	コミュニケーションの欠如	セクショナリズム	編成要費・手数	その他
2012年調査	13社(7.1%)	22社(12.0%)	35社(19.0%)	19社(10.3%)	51社(27.7%)	4社(2.2%)
2002年調査	31社(19.6%)	33社(20.9%)	16社(10.1%)	21社(13.3%)	35社(22.2%)	―
1992年調査	86社(49.4%)	92社(52.9%)	67社(38.5%)	84社(48.3%)	84社(48.3%)	―

注1：有効回答数は次のとおりである。2012年調査184社，2002年調査158社，1992年調査174社。なお，「無回答」および「不明」を除く。
注2：2012年調査については3つ以内で回答したものの単純合計，2002年調査については第1位から第3位までの単純合計，1992年調査は「極めて重要」「かなり重要」と回答したものすべての単純合計である。

「予算編成の意義への認識の欠如」については，小林（1996）は，有効に予算が実施されるためには，「予算管理の必要を管理者や従業員が十分に理解し，正しい利用を計るように絶えず教育を行うべきであり，予算は『売り込まれる』べきものであるというのもこのことを指している」[5]と述べている。調査結果は，依然として予算教育の必要性を示しているものといえよう。

「編成要費・手数」について，今日，急速に発展してきている情報技術であるコンピュータによる予算編成による省力化が考えられる。ただし，これは，「予算の本来的な企業経営上の役割を配慮していないと批判されるべきであり，……予算値を設定すれば終わるのでなく，……動機づけが欠かすことのできない基本的部分を構成する」[6]という意見もあり，むずかしい問題である。情報技術を利用した予算編成による解決が一概によいとはいえないかもしれない。

6　当初予算の点検・修正

企業は中長期経営計画に基づいて次期の利益計画を策定し，その計画を確実に実現するために，具体的な実行計画としての予算を編成し，各部署に示達する。そして，この当初予算を達成目標として各階層の経営管理者は業務活動を遂行する。このように，予算は達成目標であるが，それと同時に，能率的・効率的に経営活動が遂行されたかを評価するための業績評価尺度としても機能する。そのために，予算には規範性が求められる。したがって，予算を編成するさいに前提としていた経営内部・外部の環境が著しく変化すれば，その環境の変化に応じて予算を見直すことが必要と考えられる。

そこで，実際に企業が当初予算の見直しをしているか否か，見直しているならばどのようなタイミングで見直しをしているのか，つまり予算の点検・修正の時期〔Ⅳ-1〕についてみることにしよう。その点について，本調査と2002年調査および1992年調査の単純集計結果を比較したものが図表4-11である。

全体としては，点検・修正している企業が2002年調査では96.9％（160社中155社）であったのが，本調査では87.9％（182社中160社）であり，9.0ポイント

減少している。逆に言えば，点検・修正していない企業が9.0ポイント増加しているということである。また，点検・修正している内容をみると，定期的に点検・修正している企業が2002年調査では83.8％（160社中134社）であったのが，本調査では65.9％（182社中120社）であり，17.9ポイント減少し，他方で，「実績との著しい差異が生じる前」「実績との著しい差異が生じた時点」と回答している企業が併せて，2002年調査では13.1％（160社中21社）であったのが，本調査では22.0％（182社中40社）であり，8.9ポイント増加している。

また，定期的に点検・修正している企業の内訳をみると，「1カ月ごとに点検・修正」している企業が，本調査では17.0％（182社中31社）であり，2002年調査の48.8％（160社中78社）と比較して，ほぼ三分の一に激減（31.8ポイントの減少）している。他方で，「6カ月ごとに点検・修正」している企業が，本調査では34.1％（182社中62社）であり，2002年調査の20.6％（160社中33社）と比較して，13.5ポイント増加している。

前章において，予算期間について分析したが，そこでは予算期間の基本単位を「1年」とする企業が最も多く，全体の63.8％（185社中118社）の企業が「1年」と回答し，2002年調査の46.6％（161社中75社）と比較すると，17.2ポイント増加している。また予算の最小期間については，2002年調査より若干減少（2.4ポイント）しているが，「1カ月」とする企業が最も多く，全体の68.5％（184社中126社）の企業が「1カ月」と回答している。このように，前章の調査結果の分析では，最も多くの企業が予算期間の基本単位を「1年」，最小期間を「1カ月」と回答していることと，「1カ月ごとに点検・修正」している企業の割合が激減し，「6カ月ごとに点検・修正」している企業が増加していることとの関係をどのように解釈することができるのであろうか。多くの企業が予算の最小期間を「1カ月」と回答しているということは実質的に1カ月ごとに予算を編成していることを意味し，そのために1カ月ごとの点検・修正が必要なくなったのではないかと考えられる。

[図表 4-11] 当初予算の点検・修正の時期

調査年＼回答	1カ月ごとに点検・修正	2カ月ごとに点検・修正	3カ月ごとに点検・修正	6カ月ごとに点検・修正	実績との著しい差異が生じる前	実績との著しい差異が生じた時点	点検しない
2012年調査	31社(17.0%)	2社(1.1%)	25社(13.7%)	62社(34.1%)	31社(17.0%)	9社(4.9%)	22社(12.1%)
2002年調査	78社(48.8%)	4社(2.5%)	19社(11.9%)	33社(20.6%)	13社(8.1%)	8社(5.0%)	5社(3.1%)
1992年調査	66社(38.2%)	0社(0.0%)	35社(20.2%)	32社(18.5%)	17社(9.8%)	12社(6.9%)	11社(6.4%)

注：有効回答数は次のとおりである。2012年調査182社，2002年調査160社，1992年調査173社。なお，「無回答」および「不明」を除く。

　上記のように，2002年調査と比較して減少しているとはいえ，依然として多くの企業（87.9％）が予算を点検・修正している。それでは，予算を修正するにあたってどのようなことが障害〔Ⅵ-2〕になっているのであろうか。その点について，本調査，2002年調査，1992年調査の単純集計結果を比較したものが**図表4-12**である。

　予算を編成するさいの重大な障害として最も多くの企業が挙げていたのが「環境変化予測の困難性」の73.9％（184社中136社）であったが，**図表4-12**が示すように，予算を修正する上での重大な障害についても，最も多くの企業（71.8％：163社中117社）が「環境変化予測の困難性」と回答している。現在のように，テンポが早くて劇的に変化する経営環境のもとでは当然の結果であろう。

　他方で，「所要の実績データ収集の困難性」「予算修正方針が不明確」「修正に伴う費用・手数」「変更による予算制度に対する不信感の醸成」「軌道修正による実施済事項の補正の困難性」は3回の調査において逓減してきている。「所要の実績データ収集の困難性」と「修正に伴う費用・手数」については，統合業務システム（ERP）の導入と関連しているように思われる。たとえば，ERPの導入（〔Ⅶ-1〕）について，第6章**図表6-1**にみるように，「現在導入している」と回答した企業が本調査では41.8％（184社中77社）あり，2002年

調査の27.7%（155社中43社）と比較すると，14.1ポイント増加しているし，その活用（〔Ⅶ-2〕）についても，第6章の**図表6-2**にみるように，「予算編成に活用」と回答した企業が本調査では63.2%（76社中48社）であり，2002年調査の64.3%（42社中27社）と同様に，ほぼ三分の二の企業が挙げている。さらに，ERPの導入により得られた予算管理上のメリット（〔Ⅶ-3〕）として，第6章の**図表6-3**にみるように，45.2%（73社中33社）の企業が「予算の点検・修正の行いやすさ」と答えている。これも2002年調査の46.4%（28社中13社）と同様に，ほぼ半数の企業が挙げている。このように，ERPを導入している企業が増加してきていることなどから，「所要の実績データ収集の困難性」や「修

[図表4-12]　予算修正上の重大な障害

調査年 ＼ 回答	関係者説得の困難性	円滑なコミュニケーションの欠如	修正期間決断の困難性	所要の実績データ収集の困難性	環境変化予測の困難性	予算修正方針が不明確
2012年調査	25社(15.3%)	21社(12.9%)	45社(27.6%)	21社(12.9%)	117社(71.8%)	14社(8.6%)
2002年調査	20社(12.8%)	21社(13.5%)	51社(32.7%)	31社(19.9%)	116社(74.4%)	24社(15.4%)
1992年調査	66社(37.9%)	54社(31.0%)	59社(33.9%)	40社(23.0%)	118社(67.8%)	49社(28.2%)

調査年 ＼ 回答	修正に伴う費用・手数	変更による予算制度に対する不信感の醸成	軌道修正による実施済事項の補正の困難性	その他
2012年調査	43社(26.4%)	13社(8.0%)	18社(11.0%)	6社(3.7%)
2002年調査	65社(41.7%)	46社(29.5%)	52社(33.3%)	―
1992年調査	80社(46.0%)	54社(31.0%)	79社(45.4%)	―

注1：有効回答数は次のとおりである。2012年調査163社，2002年調査156社，1992年調査174社。なお，「無回答」および「不明」を除く。
注2：1992年調査では複数回答が可能であり，「きわめて重要な問題」「かなり重要な問題」を単純集計し，2002年調査では，「重大なものを上位から3つ挙げてください」，本調査では，「重大なものを3つ以内で挙げてください」と尋ねている。

正に伴う費用・手数」が一部の企業にとって重大な障害とみられなくなってきていると考えられる。

　経営管理者は予算目標を達成し，これを遵守することが求められている。つまり，経営管理者は通常予算により目標が与えられ，予算により業績が評価される。したがって，予算には規範性が求められることになるが，予算を編成あるいは修正するさいの重大な障害として，3回の調査を通じて最も多くの企業が回答を寄せたのが「環境変化予測の困難性」であった。そのような環境への理解のもとで予算が編成されているとすれば，予算編成の前提となる諸条件が予算期間中に著しく変化する場合に，その達成目標としての機能，業績評価基準としての意味が失われるであろう。このような弊害を未然に防止するためには，予算の運用において弾力性を与えることが不可欠の要件である。そこで次に「予算の弾力性保持のための採用施策」について尋ねた（〔Ⅳ-3〕）。**図表 4-13**は，本調査と2002年調査および1992年調査の単純集計結果を比較したものである。

　3回の調査を通じて，最も多くの企業が挙げているのが「予算の適時点検・修正」である。1992年調査では43.7％（174社中76社），2002年調査では67.1％（158社中106社），そして本調査では72.2％（180社中130社）の企業が回答している。上記の点検・修正時期の調査と比較して数字に若干のズレがみられるが，いずれにしてもほぼ四分の三の企業が「予算の適時点検・修正」を「予算の弾力性保持のための採用施策」として挙げている。3回にわたって逓増してきているということはERPの導入の増加がその要因の1つとして考えられる。

　他方で，1992年および2002年の調査，とりわけ2002年調査と比較すると，「予算の流用」「臨時的予算外支出の容認」「実行予算の短期化」は大幅に減少している。前二者については，ERPの導入によるメリットとして「予算数値の信頼性の向上」が挙げられていることの反映であろう。

[図表4-13] 予算の弾力性保持の施策

調査年＼回答	実行予算の短期化	予算の適時点検・修正	特定費目を特定部署に一括設定	臨時的予算外支出の容認	予算の流用	予備費の設定	その他
2012年調査	25社 (13.9%)	130社 (72.2%)	24社 (13.3%)	59社 (32.8%)	35社 (19.4%)	46社 (25.6%)	2社 (1.1%)
2002年調査	50社 (31.6%)	106社 (67.1%)	37社 (23.4%)	81社 (51.3%)	72社 (45.6%)	63社 (39.9%)	0社 (0.0%)
1992年調査	7社 (4.0%)	76社 (43.7%)	52社 (29.9%)	71社 (40.8%)	56社 (32.2%)	61社 (35.1%)	3社 (1.7%)

注1：有効回答数は次のとおりである。2012年調査180社，2002年調査158社，1992年調査174社。なお，「無回答」および「不明」を除く。
注2：1992年調査では複数回答が可能であり，2002年調査では，「重要なものを上位から3つ挙げてください」，本調査では，「重要なものを3つ以内で挙げてください」と尋ねている。

おわりに

　本章では，予算編成に関してアンケート調査の結果から分析を行い，これまでの2回のアンケート調査と本調査による時系列的な変化を確認した。
　まず予算編成方針の策定においては，これまでと比べて大きな変化はみられず，「全社的利益目標または収益目標」が重要視されており，予算原案作成においても同様に「売上高」を基本的目標としている。また予算編成方針の策定において，予算事務担当部門の役割が軽減し，トップの主導へと変化してきている傾向がみられた。予算編成上の重大な障害となるものでは，「環境変化予測の困難性」が継続的に挙げられているが，本調査において回答割合が上がっているのは，「予算編成の意義への認識の欠如」，そして「予算の弾力性に対する認識の不足」であり，予算教育の必要性が示されている。そして企業の多くが予算の最小期間を1カ月としていることやERP導入の増加などもあり，当初予算の点検・修正は，定期的にではなく適時点検・修正へと変化していることも明らかとなった。
　企業は，一般経済情勢を踏まえ，予算原案を作成し予算編成方針を策定しな

ければならず，企業内外のさまざまな変化要因を把握しなければならない。本章では，その際に重要視される項目や障害となる項目から予算編成における現状について明らかにした。

[注]
(1) 日本管理会計学会・予算管理専門委員会（2005）を参照されたい。
(2) 安達（1992），および坂口（1993）を参照されたい。
(3) 予算編成についての本調査と2002年調査および1992年調査との比較検討する上で留意すべき点が2つある。第1は，本調査では，回収率を上げるために，2002年調査および1992年調査に比べ，質問項目を削減したことである。たとえば，2002年調査と比較して，「予算編成方針の策定」に関して2つ，「予算編成における部門の参加」に関して3つ，「部門予算案の作成と調整」に関して2つ，計7つの質問項目を削減している。第2は，本調査と2002年調査および1992年調査では，質問項目・回答方法の表現が若干異なっていることである。たとえば，予算原案作成にあたり示達される環境条件的事項について，1992年調査では「複数回答可」であり，2002年調査では「重視されるものを上位から3つ挙げてください」，本調査では，「重視するものを3つ以内で挙げてください」と尋ねている。このような違いについてはそのつど本文中か図表の注に記述している。
(4) 坂口（1993），22頁。
(5) 小林（1996），58頁。
(6) 同上，421頁。

第5章 予算実績差異分析の実際と予算制度の問題点

はじめに

　予算に基づいて経営活動をコントロールするプロセスを予算統制という。予算統制は，予算を編成する段階における事前統制，経営活動中の期中統制，そして経営活動を実施した後の段階における事後統制からなる。予算実績差異分析とは，予算統制とりわけ事後統制において中心的な役割を果たす手続であり，予算と実績との比較によって差異額を算定し，その差異額を発生場所別，原因別，責任者別に分析することをいう。

　本章の第1節から第3節においては，予算実績差異分析の内容について明らかにする。そこでは，予算実績差異分析の結果を企業経営にどのように活かしているかを明らかにするとともに，予算実績差異分析に内包する問題点についても考察する。

　また第4節においては，予算制度の満足度を分析し，これを通じて現状の予算制度の問題点を明らかにする。この問題点に関する分析は予算制度の今後の方向性を見極める意味で重要になるものと考えられる。

1　予算実績差異分析の意義

　本節では，まず予算実績差異分析について理解するため，その実施頻度と利用目的についてみることにしよう。

予算実績差異分析の実施頻度〔V-1〕について，本調査と2002年調査および1992年調査の単純集計結果を比較したものが**図表5-1**である。

3回の調査を比較検討する上で留意すべき点は，本調査および2002年調査と1992年調査とで質問形式が若干異なっている点である。本調査と2002年調査では，予算実績差異分析の実施頻度として「毎日」「毎週」「毎月」「3カ月ごと」「6カ月ごと」「1年ごと」「実施していない」を挙げ，その頻度を尋ねている。これに対して1992年調査では，予算実績差異分析の対象期間として「月次」「隔月」「四半期」「半期」「年次」を挙げ，それぞれについて「有効である」「有効でない」を尋ねている。そこでここでは，1992年調査で「有効である」との回答をその期間で実施していると解釈して，3回の調査を比較することとした。

[図表5-1] 予算実績差異分析の実施頻度

	毎日	毎週	毎月	2カ月ごと	3カ月ごと	6カ月ごと	1年ごと	実施していない	その他
2012年調査	3社(1.6%)	2社(1.1%)	159社(86.4%)	—	11社(6.0%)	3社(1.6%)	3社(1.6%)	0社(0.0%)	3社(1.6%)
2002年調査	1社(0.6%)	1社(0.6%)	146社(90.7%)	—	7社(4.3%)	4社(2.5%)	2社(1.2%)	0社(0.0%)	—
1992年調査	—	—	112社(64.4%)	17社(9.8%)	89社(51.1%)	142社(81.6%)	129社(74.1%)	—	—

注1：有効回答数は次のとおりである。2012年調査184社，2002年調査161社，1992年調査174社。なお，「有効でない」および「無回答」は除く。
注2：2012年調査および2002年調査は予算実績差異分析の実施頻度で括弧内は構成比率，1992年調査は予算実績差異分析の対象期間ごとの有効性で括弧内はそれぞれの回答項目に占める割合である。
注3：1992年調査では，上位部門（部長以上）と下位部門に分けて調査を実施している。ここでは，上位部門の回答のみを対象にした。また，複数回答である。

本調査および2002年調査において，「実施していない」との回答はゼロであり，すべての企業が予算実績差異分析を行っていることがわかる。また，本調査および2002年調査において最も多かった回答が「毎月」であり，本調査では86.4%（184社中159社），2002年調査では90.7%（161社中146社）であった。この

ことから，本調査および2002年調査では，回答企業の約9割が毎月予算実績差異分析を実施していることが明らかとなった。

一方，1992年調査では，「半期」が有効であるとした回答が最も多く81.6%（174社中142社），次いで「年次」が有効であるとした回答が74.1%（174社中129社）であった。こうした結果から，本調査と2002年調査および1992年調査との比較において注目すべき点は，2002年調査と本調査とでは，予算実績差異分析の実施頻度に大きな違いはみられなかったこと，1992年調査と2002年調査とでは，10年間で予算実績差異分析の実施頻度がかなり高くなったこと，である。後者の理由の1つとして，情報システムの導入により，予算実績差異分析業務に要する期間が短縮されたことが考えられる。2002年調査において，ERP（統合業務システム）の導入による予算業務への影響について調べたが，そこではERPの導入前後で，予算実績差異分析業務に要する期間が平均10.6日から8.5日へと2.1日短くなっていることが明らかになった（長屋他（2004），117頁）。

次に，予算実績差異分析の結果がどのような目的に利用されているかについてみることにしよう。予算実績差異分析の結果の利用目的〔V-2〕について，本調査と2002年調査および1992年調査の単純集計結果を比較したものが**図表5-2**である。なお，調査結果の比較検討においては，各調査における回答方法が若干異なることに留意しなければならない[1]。

本調査と2002年調査および1992年調査において最も多かった回答が「改善措置」であり，本調査では76.5%（183社中140社），2002年調査では79.5%（161社中128社），1992年調査では63.7%（171社中109社）であった。予算実績差異分析は，予算によるコントロールを適切に行うための不可欠のプロセスであるといえる。すなわち，予算実績差異分析を実施することによって，いかなる点に改善措置を講ずることが必要となるかが明らかになるのである。上の結果から，過去2回の調査と同様，今回の調査においても，「改善措置」を予算実績差異分析の主目的として位置づけているものとみることができる。

[図表 5 - 2] 予算実績差異分析の結果の利用目的

	差異の報告だけ	改善措置	予算編成等での資料	部門成果評価	部門主管者業績評価
2012年調査	67社 (36.6%)	140社 (76.5%)	49社 (26.8%)	45社 (24.6%)	16社 (8.7%)
2002年調査	77社 (47.8%)	128社 (79.5%)	64社 (39.8%)	84社 (52.2%)	33社 (20.5%)
1992年調査	59社 (34.5%)	109社 (63.7%)	55社 (32.2%)	54社 (31.6%)	22社 (12.9%)

注1：有効回答数は次のとおりである。2012年調査183社，2002年調査161社，1992年調査171社。なお，「無回答」および「不明」は除く。
注2：2012年調査では，「重要なものを3つ以内で挙げてください」と尋ねているのに対して，2002年調査および1992年調査では，複数回答可で尋ねている。
注3：2012年調査では3つ以内で回答したものの単純合計，2002年調査および1992年調査では回答したものすべての単純合計である。
注4：1992年調査は上位部門のみの回答である。

　一方，「部門成果評価」と回答した企業が24.6％（183社中45社），「部門主管者業績評価」と回答した企業が8.7％（同16社）であった。2002年調査では，「部門成果評価」と回答した企業が52.2％（161社中84社），「部門主管者業績評価」と回答した企業が20.5％（同33社）。また1992年調査では，「部門成果評価」と回答した企業が31.6％（171社中54社），「部門主管者業績評価」と回答した企業が12.9％（同22社）であり，「部門成果評価」および「部門主管者業績評価」ともに，1992年調査，2002年調査と比較して，これを重視する企業は減少しており，とくに2002年調査からは大幅に減少していることがわかる。本調査において，予算実績差異分析結果の利用上の問題を「予算数値の信頼性が希薄」であると回答した企業54社（図表5-9参照）のうち，予算実績差異分析の結果の利用目的として「部門成果評価」を挙げなかった企業が74.1％（54社中40社），また「部門主管者業績評価」を挙げなかった企業が88.9％（54社中48社）であった。すなわち，「予算数値の信頼性が希薄」であると回答した企業では，その多くが予算実績差異分析の結果を「部門成果評価」や「部門主管者業績評価」といった業績評価目的には利用していないということができる。

予算が必ずしも科学的,合理的に編成されていない時代においては,予算実績差異分析を業績評価に利用することはまれであった。というのも,予算そのものが業績評価の基準として信頼できるものではなかったからである。しかし,上の結果から,今日においても,予算を組織(部門)や個人(部門主管者)の業績評価,とくに個人(部門主管者)の業績評価には積極的に利用しないとするのが一般的であるように思える[(2)]。

ところで,本調査および1992年調査においては2番目,また2002年調査においては3番目に多かった回答が「差異の報告だけ」であり,本調査では36.6%(183社中67社),2002年調査では47.8%(161社中77社),1992年調査では34.5%(171社中59社)であった。こうした結果から,予算実績差異分析の結果の利用目的を「差異の報告だけ」と回答し,その利用に関して積極的であるとはいえない企業が多くあることがわかる。こうした企業では,予算実績差異分析は実施するものの,その結果が効果的に利用されない状況が生じているものとみることができよう。これは,予算実績差異分析の結果に何らかの問題があることによるものと考えられる。この点については,第3節の予算実績差異分析の問題点で,その内容を明らかにしたい。

2　予算実績差異分析と業績評価

予算実績差異分析の結果が業績評価にどのように反映されているかを知るために,予算実績差異分析の結果の利用目的に関する質問で,予算実績差異分析の結果を「部門成果評価」と「部門主管者業績評価」に利用すると回答した企業にその程度を尋ねた。

まず,予算実績差異分析の結果を「部門成果評価」へ反映すると回答した企業45社に対して,その反映の程度を尋ねたのが質問〔V-3〕であり,その結果を単純集計したものが**図表5-3**である。

[図表5-3] 部門成果の業績評価結果の反映の程度

	まったく反映していない ←					→ きわめて反映している	
	1	2	3	4	5	6	7
昇給	6社 (13.3%)	3社 (6.7%)	8社 (17.8%)	10社 (22.2%)	12社 (26.7%)	4社 (8.9%)	2社 (4.4%)
賞与	2社 (4.4%)	0社 (0.0%)	1社 (2.2%)	4社 (8.9%)	16社 (35.6%)	15社 (33.3%)	7社 (15.6%)
昇進	6社 (13.3%)	2社 (4.4%)	7社 (15.6%)	10社 (22.2%)	16社 (35.6%)	4社 (8.9%)	0社 (0.0%)
部門の 統廃合	2社 (4.4%)	9社 (20.0%)	5社 (11.1%)	9社 (20.0%)	15社 (33.3%)	5社 (11.1%)	0社 (0.0%)

注1：質問〔V-3〕の単純集計での有効回答数は，昇給136社，賞与136社，昇進136社，部門の統廃合134社であった。しかし本質問は，質問〔V-2〕において予算実績差異分析の結果を「部門成果評価」へ反映すると回答した企業のみに対する質問であるため，こうした企業による回答のみを対象とし，有効回答数を次のとおりとした。昇給45社，賞与45社，昇進45社，部門の統廃合45社。
注2：括弧内は構成比率である。

　予算実績差異分析の結果を部門成果評価に利用すると回答した企業では，「賞与」への反映の程度が高いことがわかる。すなわち，「賞与」への反映の程度をみると，反映していると回答した企業（「5」「6」「7」に回答した企業）は84.4%（45社中38社）である。同様に，「昇給」に反映していると回答した企業は40.0%（45社中18社），「昇進」に反映していると回答した企業は44.4%（45社中20社），「部門の統廃合」に反映していると回答した企業は44.4%（45社中20社）である。こうした結果からみても，部門成果評価の結果を「賞与」へ反映させる程度が，他の項目に比較して高いことがわかる。
　また，本調査と2002年調査を比較したものが**図表5-4**である。なお，調査結果の比較検討においては，各調査における回答方法が若干異なることに留意しなければならない。

[図表 5-4] 部門成果の業績評価結果の反映の程度の比較

① 昇　　給

	反映しない	どちらでもない	反映する
	1，2，3	4	5，6，7
2012年調査	17社 (37.8%)	10社 (22.2%)	18社 (40.0%)
2002年調査	反映しない， あまり反映しない	―	どちらかといえば反映する， 反映する，かなり反映する
	34社 (42.5%)	―	46社 (57.5%)

② 賞　　与

	反映しない	どちらでもない	反映する
	1，2，3	4	5，6，7
2012年調査	3社 (6.7%)	4社 (8.9%)	38社 (84.4%)
2002年調査	反映しない， あまり反映しない	―	どちらかといえば反映する， 反映する，かなり反映する
	17社 (21.0%)	―	64社 (79.0%)

③ 昇　　進

	反映しない	どちらでもない	反映する
	1，2，3	4	5，6，7
2012年調査	15社 (33.3%)	10社 (22.2%)	20社 (44.4%)
2002年調査	反映しない， あまり反映しない	―	どちらかといえば反映する， 反映する，かなり反映する
	34社 (42.0%)	―	47社 (58.0%)

④ 部門の統廃合

	反映しない	どちらでもない	反映する
	1，2，3	4	5，6，7
2012年調査	16社 (35.6%)	9社 (20.0%)	20社 (44.4%)
2002年調査	反映しない， あまり反映しない	―	どちらかといえば反映する， 反映する，かなり反映する
	36社 (46.2%)	―	42社 (53.8%)

注1：1992年調査では，この質問は調査項目には含まれていない。
注2：2012年調査は「まったく反映していない」から「きわめて反映している」の7点尺度で調査しているのに対し，2002年調査は5点尺度で調査を行っている。このため，2012年調査の「5」「6」および「7」の回答を2002年調査の「どちらかといえば反映する」「反映する」および「かなり反映する」に相当するものとして比較している。また，2012年調査の「1」「2」および「3」の回答を2002年調査の「反映しない」と「あまり反映しない」に相当するものとして比較している。なお，2002年調査では，2012年調査の「4」に相当する選択肢がない。

　本調査では，「昇給」に反映していると回答した企業は40.0％（45社中18社）であり，2002年調査での同回答企業（「どちらかといえば反映する」「反映する」「かなり反映する」に回答した企業）の57.5％（80社中46社）と比較して，17.5ポイント減少している。同様に，「賞与」に反映していると回答した企業は，本調査では84.4％（45社中38社），2002年調査では79.0％（81社中64社），「昇進」に反映していると回答した企業は，本調査では44.4％（45社中20社），2002年調査では58.0％（81社中47社），「部門の統廃合」に反映していると回答した企業は，本調査では44.4％（45社中20社），2002年調査では53.8％（78社中42社）であった。上の結果から，2002年調査と本調査を比較すると，「賞与」への反映を除いて，いずれの項目も反映の程度が低くなっていることがわかる。すなわち，予算実績差異分析の結果を部門成果評価に反映しない傾向にあるとみることができよう。
　本調査の結果を総人員数とクロスしてみると，**図表5-5**が得られる。賞与への反映の程度は，総人員数が「1万人以上」「5,000人以上」「1,000人以上」「1,000人未満」のいずれにおいても高い値を示している。しかし，昇給，昇進および部門の統廃合への反映の程度は，総人員数が「1万人以上」および「5,000人以上」の規模の大きな企業では高いが，総人員数が「1,000人以上」および「1,000人未満」の中小規模の企業では低いことがわかる。とりわけ，「昇給」への反映の程度をみると，総人員数が「1万人以上」および「5,000人以上」の企業では，反映していると回答した企業は55.6％（9社中5社）であるのに対し，総人員数が「1,000人以上」および「1,000人未満」の企業では，反映していると回答した企業は37.5％（32社中12社）であった。この結果から，

規模の大きな企業では，部門成果評価の結果を昇給，昇進および部門の統廃合へ反映させることに積極的であるが，中小規模の企業では，部門成果評価の結果を昇給，昇進および部門の統廃合へ反映させることに消極的であるということができよう。

[図表5-5] 企業の総人員数と部門成果の業績評価結果の反映の程度とのクロス表

① 総人員数と昇給への反映程度とのクロス表

		部門成果の業績評価結果の昇給への反映程度							合計
		1	2	3	4	5	6	7	
総人員数	1万人以上	0社 (0.0%)	0社 (0.0%)	0社 (0.0%)	1社 (20.0%)	1社 (20.0%)	2社 (40.0%)	1社 (20.0%)	5社
	5,000人以上	0社 (0.0%)	0社 (0.0%)	1社 (25.0%)	2社 (50.0%)	1社 (25.0%)	0社 (0.0%)	0社 (0.0%)	4社
	1,000人以上	4社 (25.0%)	1社 (6.3%)	4社 (25.0%)	3社 (18.8%)	4社 (25.0%)	0社 (0.0%)	0社 (0.0%)	16社
	1,000人未満	2社 (12.5%)	2社 (12.5%)	2社 (12.5%)	2社 (12.5%)	5社 (31.3%)	2社 (12.5%)	1社 (6.3%)	16社
合　計		6社 (14.6%)	3社 (7.3%)	7社 (17.1%)	8社 (19.5%)	11社 (26.8%)	4社 (9.8%)	2社 (4.9%)	41社

注：Pearsonのカイ2乗値18.284，p＝－0.230。

② 総人員数と賞与への反映程度とのクロス表

		部門成果の業績評価結果の賞与への反映程度							合計
		1	2	3	4	5	6	7	
総人員数	1万人以上	0社 (0.0%)	0社 (0.0%)	0社 (0.0%)	0社 (0.0%)	2社 (40.0%)	2社 (40.0%)	1社 (20.0%)	5社
	5,000人以上	0社 (0.0%)	0社 (0.0%)	0社 (0.0%)	0社 (0.0%)	3社 (75.0%)	0社 (0.0%)	1社 (25.0%)	4社
	1,000人以上	0社 (0.0%)	0社 (0.0%)	0社 (0.0%)	1社 (6.3%)	5社 (31.3%)	9社 (56.3%)	1社 (6.3%)	16社
	1,000人未満	2社 (12.5%)	0社 (0.0%)	1社 (6.3%)	2社 (12.5%)	4社 (25.0%)	3社 (18.8%)	4社 (25.0%)	16社
合　計		2社 (4.9%)	0社 (0.0%)	1社 (2.4%)	3社 (7.3%)	14社 (34.1%)	14社 (34.1%)	7社 (17.1%)	41社

注：Pearsonのカイ2乗値15.070，p＝－0.214。

③　総人員数と昇進への反映程度とのクロス表

総人員数		部門成果の業績評価結果の昇進への反映程度							合計
		1	2	3	4	5	6	7	
総人員数	1万人以上	0社(0.0%)	0社(0.0%)	0社(0.0%)	1社(20.0%)	2社(40.0%)	2社(40.0%)	0社(0.0%)	5社
	5,000人以上	0社(0.0%)	0社(0.0%)	0社(0.0%)	2社(50.0%)	2社(50.0%)	0社(0.0%)	0社(0.0%)	4社
	1,000人以上	3社(18.8%)	2社(12.5%)	3社(18.8%)	1社(6.3%)	6社(37.5%)	1社(6.3%)	0社(0.0%)	16社
	1,000人未満	3社(18.8%)	0社(0.0%)	3社(18.8%)	4社(25.0%)	5社(31.3%)	1社(6.3%)	0社(0.0%)	16社
合　計		6社(14.6%)	2社(4.9%)	6社(14.6%)	8社(19.5%)	15社(36.6%)	4社(9.8%)	0社(0.0%)	41社

注：Pearson のカイ 2 乗値 15.917，$p = -0.299$。

④　総人員数と部門の統廃合への反映程度とのクロス表

総人員数		部門成果の業績評価結果の部門の統廃合への反映程度							合計
		1	2	3	4	5	6	7	
総人員数	1万人以上	0社(0.0%)	0社(0.0%)	0社(0.0%)	3社(60.0%)	2社(40.0%)	0社(0.0%)	0社(0.0%)	5社
	5,000人以上	0社(0.0%)	1社(25.0%)	0社(0.0%)	1社(25.0%)	1社(25.0%)	1社(25.0%)	0社(0.0%)	4社
	1,000人以上	1社(6.3%)	3社(18.8%)	3社(18.8%)	0社(0.0%)	7社(43.8%)	2社(12.5%)	0社(0.0%)	16社
	1,000人未満	1社(6.3%)	3社(18.8%)	2社(12.5%)	4社(25.0%)	4社(25.0%)	2社(12.5%)	0社(0.0%)	16社
合　計		2社(4.9%)	7社(17.1%)	5社(12.2%)	8社(19.5%)	14社(34.1%)	5社(12.2%)	0社(0.0%)	41社

注：Pearson のカイ 2 乗値 13.032，$p = -0.137$。

　次に，予算実績差異分析の結果を「部門主管者業績評価」へ反映すると回答した企業16社に対して，その反映の程度を尋ねたのが質問〔V-4〕であり，その結果を単純集計したものが**図表5-6**である。

[図表5-6] 部門主管者の業績評価結果の反映の程度

	まったく反映していない ←						→ きわめて反映している
	1	2	3	4	5	6	7
昇給	2社 (12.5%)	0社 (0.0%)	2社 (12.5%)	3社 (18.8%)	5社 (31.3%)	3社 (18.8%)	1社 (6.3%)
賞与	0社 (0.0%)	0社 (0.0%)	0社 (0.0%)	1社 (6.7%)	2社 (13.3%)	7社 (46.7%)	5社 (33.3%)
昇進	1社 (6.3%)	0社 (0.0%)	2社 (12.5%)	2社 (12.5%)	6社 (37.5%)	4社 (25.0%)	1社 (6.3%)

注1：質問〔V-4〕の単純集計での有効回答数は，昇給122社，賞与121社，昇進122社であった。しかし本質問は，質問〔V-2〕において予算実績差異分析の結果を「部門主管者業績評価」へ反映すると回答した企業のみに対する質問であるため，こうした企業による回答のみを対象とし，有効回答数を次のとおりとした。昇給16社，賞与15社，昇進16社。なお，「無回答」および「不明」は除く。
注2：括弧内は構成比率である。

　予算実績差異分析の結果を部門主管者の業績評価に利用すると回答した企業では，「賞与」への反映の程度が高いことがわかる。すなわち，「賞与」への反映の程度をみると，反映していると回答した企業（「5」「6」「7」に回答した企業）は93.3％（15社中14社）である。同様に，「昇給」に反映していると回答した企業は56.3％（16社中9社），「昇進」に反映していると回答した企業は68.8％（16社中11社）である。こうした結果から，部門成果評価の場合と同様，部門主管者の業績評価においても，その結果を「賞与」へ反映させる程度が高いことがわかる。また，部門成果評価の結果の反映の程度と比較して，「昇給」「賞与」および「昇進」のいずれについても，その反映の程度が高くなっている。

　本調査と2002年調査を比較したものが**図表5-7**である。なお，上記の場合と同様に，調査結果の比較検討においては，各調査における回答方法が若干異なることに留意しなければならない。

[図表5-7] 部門主管者の業績評価結果の反映の程度の比較

① 昇　給

	反映しない	どちらでもない	反映する
	1，2，3	4	5，6，7
2012年調査	4社 （25.0％）	3社 （18.8％）	9社 （56.3％）
	反映しない， あまり反映しない	―	どちらかといえば反映する， 反映する，かなり反映する
2002年調査	7社 （23.3％）	―	23社 （76.7％）

② 賞　与

	反映しない	どちらでもない	反映する
	1，2，3	4	5，6，7
2012年調査	0社 （0.0％）	1社 （6.7％）	14社 （93.3％）
	反映しない， あまり反映しない	―	どちらかといえば反映する， 反映する，かなり反映する
2002年調査	4社 （14.3％）	―	24社 （85.7％）

③ 昇　進

	反映しない	どちらでもない	反映する
	1，2，3	4	5，6，7
2012年調査	3社 （18.8％）	2社 （12.5％）	11社 （68.8％）
	反映しない， あまり反映しない	―	どちらかといえば反映する， 反映する，かなり反映する
2002年調査	3社 （10.7％）	―	25社 （89.3％）

注1：1992年調査では，この質問は調査項目には含まれていない。
注2：2012年調査は「まったく反映していない」から「きわめて反映している」の7点尺度で調査しているのに対し，2002年調査は5点尺度で調査を行っている。このため，2012年調査の「5」「6」および「7」の回答を2002年調査の「どちらかといえば反映する」「反映する」および「かなり反映する」に相当するものとして比較している。また，2012年調査の「1」「2」および「3」の回答を2002年調査の「反映しない」と「あまり反映しない」に相当するものとして比較している。なお，2002年調査では，2012年調査の「4」に相当する選択肢がない。

2002年調査と本調査を比較すると,「昇給」に反映していると回答した企業は,76.7％（30社中23社）から56.3％（16社中9社）へと減少し,「賞与」に反映していると回答した企業は,85.7％（28社中24社）から93.3％（15社中14社）へと増加し,また「昇進」に反映していると回答した企業は,89.3％（28社中25社）から68.8％（16社中11社）へと大幅に減少している。こうした結果から,2002年調査と本調査を比較すると,部門成果評価の場合と同様,「賞与」への反映を除いて,予算実績差異分析の結果を部門主管者の業績評価に反映しない傾向にあるとみることができよう。

本調査について,総人員数と部門主管者の業績評価結果の反映の程度をクロスさせて集計すると,図表5-8のような結果が得られる。データ数が少ないので,規模の大きい企業については明確にはいえないが,概ね規模の違いによる相違はないように思われる。

[図表5-8] 企業の総人員数と部門主管者の業績評価結果の反映の程度とのクロス表

① 総人員数と昇給への反映程度とのクロス表

		部門主管者の業績評価結果の昇給への反映程度							合計
		1	2	3	4	5	6	7	
総人員数	1万人以上	0社 (0.0％)	0社 (0.0％)	0社 (0.0％)	0社 (0.0％)	0社 (0.0％)	0社 (0.0％)	0社 (0.0％)	0社
	5,000人以上	1社 (33.3％)	0社 (0.0％)	0社 (0.0％)	1社 (33.3％)	1社 (33.3％)	0社 (0.0％)	0社 (0.0％)	3社
	1,000人以上	1社 (12.5％)	0社 (0.0％)	1社 (12.5％)	2社 (25.0％)	2社 (25.0％)	2社 (25.0％)	0社 (0.0％)	8社
	1,000人未満	0社 (0.0％)	0社 (0.0％)	0社 (0.0％)	0社 (0.0％)	2社 (50.0％)	1社 (25.0％)	1社 (25.0％)	4社
合　計		2社 (13.3％)	0社 (0.0％)	1社 (6.7％)	3社 (20.0％)	5社 (33.3％)	3社 (20.0％)	1社 (6.7％)	15社

注：Pearsonのカイ2乗値7.479, p＝0.502。

② 総人員数と賞与への反映程度とのクロス表

		部門主管者の業績評価結果の賞与への反映程度							合計
		1	2	3	4	5	6	7	
総人員数	1万人以上	0社 (0.0%)	0社 (0.0%)	0社 (0.0%)	0社 (0.0%)	0社 (0.0%)	0社 (0.0%)	0社 (0.0%)	0社
	5,000人以上	0社 (0.0%)	0社 (0.0%)	0社 (0.0%)	0社 (0.0%)	1社 (33.3%)	1社 (33.3%)	1社 (33.3%)	3社
	1,000人以上	0社 (0.0%)	0社 (0.0%)	0社 (0.0%)	0社 (0.0%)	0社 (0.0%)	6社 (85.7%)	1社 (14.3%)	7社
	1,000人未満	0社 (0.0%)	0社 (0.0%)	0社 (0.0%)	0社 (0.0%)	1社 (25.0%)	0社 (0.0%)	3社 (75.0%)	4社
合計		0社 (0.0%)	0社 (0.0%)	0社 (0.0%)	0社 (0.0%)	2社 (14.3%)	7社 (50.0%)	5社 (35.7%)	14社

注:Pearson のカイ 2 乗値 8.669, p = 0.269。

③ 総人員数と昇進への反映程度とのクロス表

		部門主管者の業績評価結果の昇進への反映程度							合計
		1	2	3	4	5	6	7	
総人員数	1万人以上	0社 (0.0%)	0社 (0.0%)	0社 (0.0%)	0社 (0.0%)	0社 (0.0%)	0社 (0.0%)	0社 (0.0%)	0社
	5,000人以上	1社 (33.3%)	0社 (0.0%)	0社 (0.0%)	0社 (0.0%)	1社 (33.3%)	1社 (33.3%)	0社 (0.0%)	3社
	1,000人以上	0社 (0.0%)	0社 (0.0%)	1社 (12.5%)	1社 (12.5%)	3社 (37.5%)	2社 (25.0%)	1社 (12.5%)	8社
	1,000人未満	0社 (0.0%)	0社 (0.0%)	0社 (0.0%)	1社 (25.0%)	2社 (50.0%)	1社 (25.0%)	0社 (0.0%)	4社
合計		1社 (6.7%)	0社 (0.0%)	1社 (6.7%)	2社 (13.3%)	6社 (40.0%)	4社 (26.7%)	1社 (6.7%)	15社

注:Pearson のカイ 2 乗値 6.771, p = 0.218。

3 予算実績差異分析の問題点

　前節で明らかにしたように,予算実績差異分析の結果は「改善措置」や「部門成果評価」など多様な目的に利用されている。しかし他方,予算実績差分

析の結果の利用目的を「差異の報告だけ」と回答し，その利用に関して積極的であるとはいえない企業が多数みられる。これは，予算実績差異分析の結果に何らかの問題があることによるものと考えられる。そこで本節では，この点についてみることにしよう。

予算実績差異分析結果の利用上の問題〔Ⅴ-5〕について，本調査と2002年調査および1992年調査の結果を比較したものが図表5-9である。3回の調査を比較検討する上で留意すべき点は，各調査における回答方法が若干異なっている点である。

[図表5-9] 予算実績差異分析結果の利用上の問題

	予算数値の信頼性が希薄	所要の実績データ収集の困難性	定性的評価との融合	差異分析技法が未成熟	差異の原因解明の困難性	改善措置の実施の困難性
2012年調査	54社(29.7%)	19社(10.4%)	51社(28.0%)	30社(16.5%)	68社(37.4%)	69社(37.9%)
2002年調査	58社(37.4%)	13社(8.4%)	53社(34.2%)	36社(23.2%)	52社(33.5%)	86社(55.5%)
1992年調査	40社(23.0%)	14社(8.0%)	34社(19.5%)	22社(12.6%)	46社(26.4%)	73社(42.0%)

	差異責任追及の困難性	差異責任追及の有効性	分析のタイミング	分析とその利用での費用・手数	その他
2012年調査	38社(20.9%)	39社(21.4%)	30社(16.5%)	20社(11.0%)	4社(2.2%)
2002年調査	62社(40.0%)	39社(25.2%)	31社(20.0%)	18社(11.6%)	―
1992年調査	50社(28.7%)	31社(17.8%)	28社(16.1%)	13社(7.5%)	0社(0.0%)

注1：有効回答数は次のとおりである。2012年調査182社，2002年調査155社，1992年調査174社。なお，「無回答」および「不明」は除く。
注2：2012年調査では，「重視するものを3つ以内で挙げてください」と尋ねているのに対して，2002年調査では，「重要と思う項目を上位から3つ挙げてください」と尋ねている。また，1992年調査では，各項目について「とくにない」「かなり重要」「極めて重要」という3点尺度で質問している。
注3：2012年調査では3つ以内で回答したものの単純合計，2002年調査では第1位から第3位までの単純合計，また1992年調査では「極めて重要」に挙げたものの単純合計である。

本調査と2002年調査および1992年調査において最も多かった回答が「改善措置の実施の困難性」であり，本調査では37.9％（182社中69社），2002年調査では55.5％（155社中86社），1992年調査では42.0％（174社中73社）であった。ここで注目すべき点は，2002年調査と本調査を比較すると，「改善措置の実施の困難性」と回答した企業が55.5％から37.9％へと，大幅に減少していることである。前節で述べたように，本調査と2002年調査および1992年調査のいずれにおいても，「改善措置」を予算実績差異分析の主目的として位置づけている。しかし，上記の結果から，この10年間で改善措置の実施がかなり容易になったものとみることができよう。

　また，本調査において2番目に多かった回答は「差異の原因解明の困難性」であり，37.4％（182社中68社）であった。この項目については，2002年調査と1992年調査においても回答した企業が多く，2002年調査では5番目に多い33.5％（155社中52社），1992年調査では3番目に多い26.4％（174社中46社）であった。本調査と2002年調査を比較すると，その構成比率に大きな違いはないが，その順位に大きな違いがみられる。すなわち，本調査では2番目に多い回答であるのに対し，2002年調査では5番目の回答である。このことから，10年間で差異の発生原因を解明することが企業にとってより深刻な問題になっているということができよう。差異の発生原因を解明することは予算実績差異分析において中心的手続であるといえる。したがって，それが困難であるということは，予算実績差異分析によるコントロールが十分に機能していない状況にあるといえるのではなかろうか。

　一方，本調査および2002年調査においては3番目，また1992年調査においては4番目に多かった回答が「予算数値の信頼性が希薄」であり，本調査では29.7％（182社中54社），2002年調査では37.4％（155社中58社），1992年調査では23.0％（174社中40社）であった。では，予算数値の信頼性を希薄にしている原因は何であろうか。**図表5-10**は，予算実績差異分析結果の利用上の問題と予算編成上の重大な障害との関係についてクロス集計をした結果である。

第5章　予算実績差異分析の実際と予算制度の問題点　105

[図表5-10]　予算実績差異分析結果の利用上の問題と予算編成上の重大な障害とのクロス表

	予算編成上の重大な障害												合計
	予算編成の意義に対する認識の欠如	円滑なコミュニケーションの欠如	予算の規範性に対する認識不足	所要の実績データ収集の困難性	環境変化予測の困難性	予算編成の方針が不明確	編成の要費・手数	単年度計画志向・の過大視	予算割当てのセクショナリズム	予算の弾力性に対する認識不足	現状是認的傾向を醸成	その他	
予算数値の信頼性が希薄	18社(14.1%)	12社(9.4%)	2社(1.6%)	9社(7.0%)	41社(32.0%)	6社(4.7%)	14社(10.9%)	6社(4.7%)	8社(6.3%)	7社(5.5%)	4社(3.1%)	1社(0.8%)	128社
所要の実績データ収集の困難性	5社(10.6%)	6社(12.8%)	2社(4.3%)	8社(17.0%)	12社(25.5%)	0社(0.0%)	6社(12.8%)	3社(6.4%)	1社(2.1%)	2社(4.3%)	2社(4.3%)	0社(0.0%)	47社
定性的評価との融合	11社(9.9%)	7社(6.3%)	6社(5.4%)	4社(3.6%)	42社(37.8%)	0社(0.0%)	11社(9.9%)	11社(9.9%)	5社(4.5%)	5社(4.5%)	9社(8.1%)	0社(0.0%)	111社
差異分析技法が未成熟	9社(11.5%)	8社(10.3%)	2社(2.6%)	12社(15.4%)	24社(30.8%)	2社(2.6%)	8社(10.3%)	3社(3.8%)	2社(2.6%)	4社(5.1%)	3社(3.8%)	1社(1.3%)	78社
差異の原因解明の困難性	24社(14.6%)	18社(11.0%)	3社(1.8%)	12社(7.3%)	56社(34.1%)	1社(0.6%)	19社(11.6%)	9社(5.5%)	6社(3.7%)	5社(3.0%)	9社(5.5%)	2社(1.2%)	164社
改善措置実施の困難性	17社(10.6%)	13社(8.1%)	4社(2.5%)	5社(3.1%)	56社(34.8%)	4社(2.5%)	22社(13.7%)	12社(7.5%)	10社(6.2%)	9社(5.6%)	9社(5.6%)	0社(0.0%)	161社
差異責任追及の困難性	11社(12.9%)	5社(5.9%)	4社(4.7%)	2社(2.4%)	29社(34.1%)	3社(3.5%)	6社(7.1%)	10社(11.8%)	3社(3.5%)	6社(7.1%)	6社(7.1%)	0社(0.0%)	85社
差異責任追及の有効性	8社(8.9%)	6社(6.7%)	6社(6.7%)	3社(3.3%)	28社(31.1%)	0社(0.0%)	12社(13.3%)	6社(6.7%)	6社(6.7%)	8社(8.9%)	7社(7.8%)	0社(0.0%)	90社
分析のタイミング	7社(10.8%)	4社(6.2%)	2社(3.1%)	3社(4.6%)	21社(32.3%)	1社(1.5%)	10社(15.4%)	4社(6.2%)	2社(3.1%)	4社(6.2%)	7社(10.8%)	0社(0.0%)	65社
分析とその利用での費用・手数	4社(8.5%)	3社(6.4%)	0社(0.0%)	1社(2.1%)	10社(21.3%)	1社(2.1%)	14社(29.8%)	5社(10.6%)	0社(0.0%)	5社(10.6%)	4社(8.5%)	0社(0.0%)	47社
その他	0社(0.0%)	0社(0.0%)	0社(0.0%)	0社(0.0%)	3社(50.0%)	0社(0.0%)	1社(16.7%)	1社(16.7%)	0社(0.0%)	0社(0.0%)	0社(0.0%)	1社(16.7%)	6社
合計	114社(11.6%)	82社(8.4%)	31社(3.2%)	59社(6.0%)	322社(32.8%)	18社(1.8%)	123社(12.5%)	70社(7.1%)	43社(4.4%)	55社(5.6%)	60社(6.1%)	5社(0.5%)	982社

注：この表の縦軸の質問［V-5］と横軸の質問［Ⅲ-9］は、ともに3つ以内で回答する質問であるので、一括してクロス集計することはできなかった。そのため1項目ずつクロス集計したものをまとめて、この表を作成した。その結果、全体のPearsonのカイ2乗値およびp値は計算できなかった。

予算実績差異分析結果の利用上の問題として「予算数値の信頼性が希薄」と回答した企業のうち，32.0％（128社中41社）が予算編成上の重大な障害として「環境変化予測の困難性」と回答し，また14.1％（128社中18社）が「予算編成の意義に対する認識の欠如」と回答している。予算は将来に対する予測に基づいて編成されるものであるが，今日の経営環境のもとでは，将来に対する予測が著しく困難なため，予算それ自体の信頼性が希薄になっているものと考えることができよう。したがって，予算の信頼性を高めるためには，どのくらい正確な環境予測ができるかが重要な課題となるであろう。また，「予算編成の意義に対する認識の欠如」と回答している状況からは，予算に関する教育が十分に行われていないことも予算数値の信頼性を希薄にする原因の1つとして考えることができるのではないか。

4　予算制度の問題点と展望

　これまでは予算実績差異分析に関する考察を行ってきたが，本節では予算制度の問題点とその展望について検討する。

　まず，予算制度の満足度〔Ⅵ-1〕について，本調査の結果を示したものが**図表5-11**である。また，過去2回の調査と比較したものが**図表5-12**である[3]。

[図表5-11]　予算制度の満足度

まったく満足していない ←						→ きわめて満足している
1	2	3	4	5	6	7
2社 (1.1%)	14社 (7.7%)	37社 (20.2%)	73社 (39.9%)	42社 (23.0%)	15社 (8.2%)	0社 (0.0%)

注：有効回答数は183社である。

[図表 5-12]　予算制度の満足度

	不満		どちらでもない	満足	
	1，2，3		4	5，6，7	
2012年調査	53社 (29.0％)		73社 (39.9％)	57社 (31.1％)	
	かなり不満，不満		どちらともいえない	満足，かなり満足	
2002年調査	40社 (25.0％)		75社 (46.9％)	45社 (28.1％)	
	非常に不満	かなり不満	あまり満足でない	一応満足	十分満足
1992年調査	0社 (0.0％)	3社 (1.7％)	48社 (27.9％)	114社 (66.3％)	7社 (4.1％)

注1：有効回答数は次のとおりである。2012年調査183社，2002年調査160社，1992年調査172社。なお，「無回答」は除く。
注2：括弧内は構成比率である。
注3：2012年調査は「まったく満足していない」から「きわめて満足している」の7点尺度で調査しているのに対し，2002年調査と1992年調査は5点尺度で調査を行っている。このため，2012年調査の「5」「6」および「7」の回答を2002年調査の「満足」と「かなり満足」に相当するものとして比較している。また，2012年調査の「1」「2」および「3」の回答を2002年調査の「かなり不満」と「不満」に相当するものとして比較している。なお，1992年調査では，2012年調査の「4」や2002年調査の「どちらともいえない」に相当する選択肢がないが，参考として示してある。

　本調査においては「4」の回答が最も多く，39.9％（183社中73社）であった。「4」は7点尺度の中心値であり，2002年調査の「どちらともいえない」に相当する回答であると推定される。「どちらともいえない」の回答は2002年調査でも最も多く，46.9％（160社中75社）であった。
　また，本調査では予算制度に満足していると回答した企業（「5」「6」「7」に回答した企業）は31.1％（183社中57社）であり，2002年調査で満足していると回答した企業（「満足」「かなり満足」と回答した企業）28.1％（160社中45社）と比較し，3.0ポイント上昇している。ただし，本調査において，「7（きわめて満足している）」と回答した企業はゼロである。
　一方，本調査では予算制度に満足していないと回答した企業（「1」「2」「3」に回答した企業）は29.0％（183社中53社）であり，2002年調査で満足していないと回答した企業（「かなり不満」「不満」と回答した企業）25.0％（160社中40社）と

比較し，こちらも4.0ポイント上昇している。

　上の結果から，調査対象の3割程度の企業が現在の予算制度に満足しているものの，同じく3割程度の企業が予算制度に満足していないことがわかる。ここでは，予算制度に不満を持つ原因について考えてみたい。

　予算制度に対して満足度が低い理由として，以下のようなことが考えられる。

① 　予算編成上の重大な障害に関する質問で指摘された「環境変化予測の困難性」「編成の要費・手数」および「予算編成の意義に対する認識の欠如」など（第4章を参照）。

② 　予算修正上の重大な障害に関する質問で指摘された「環境変化予測の困難性」「修正時期決断の困難性」および「修正に伴う費用・手数」など（第4章を参照）。

③ 　予算実績差異分析結果の利用上の問題に関する質問で指摘された「改善措置の実施の困難性」「差異の原因解明の困難性」および「予算数値の信頼性が希薄」など。

　この仮定に基づき，予算編成上の重大な障害に関する質問，予算修正上の重大な障害に関する質問，および予算実績差異分析結果の利用上の問題に関する質問と予算制度の満足度に関する質問とのクロス分析を行った。結果的には，予算編成上の重大な障害と予算制度の満足度，および予算修正上の重大な障害と予算制度の満足度には特別な相関はみられなかった。

　これに対し，予算実績差異分析結果の利用上の問題と予算制度の満足度とのクロス分析においては，若干の関係性が見出せた。

　まず，**図表5-13**は，「予算数値の信頼性が希薄」と予算制度の満足度とのクロス表である。予算実績差異分析結果の利用上の問題で「予算数値の信頼性が希薄」を重視と回答した企業のうち，38.9％（54社中21社）の企業が予算制度に満足していない。この数値は，この項目を重視と回答していない企業の同比率（25.2％）よりも13.7ポイント高くなっている。

　図表5-14は，「差異責任追及の困難性」と予算制度の満足度とのクロス表で

[図表5-13] 「予算数値の信頼性が希薄」と予算制度の満足度とのクロス表

		予算制度の満足度			合計
		不満（1，2，3）	4	満足（5，6，7）	
予算数値の信頼性が希薄	重視と回答	21社 (38.9%)	22社 (40.7%)	11社 (20.4%)	54社 (100.0%)
	その他	32社 (25.2%)	49社 (38.6%)	46社 (36.2%)	127社 (100.0%)
合　計		53社 (29.3%)	71社 (39.2%)	57社 (31.5%)	181社 (100.0%)

注：Pearson のカイ 2 乗値 9.748，$p = -0.204$。

[図表5-14] 「差異責任追及の困難性」と予算制度の満足度とのクロス表

		予算制度の満足度			合計
		不満（1，2，3）	4	満足（5，6，7）	
差異責任追及の困難性	重視と回答	17社 (44.7%)	13社 (34.2%)	8社 (21.1%)	38社 (100.0%)
	その他	36社 (25.2%)	58社 (40.6%)	49社 (34.3%)	143社 (100.0%)
合　計		53社 (29.3%)	71社 (39.2%)	57社 (31.5%)	181社 (100.0%)

注：Pearson のカイ 2 乗値 11.413，$p = -0.115$。

[図表5-15] 「差異分析技法が未成熟」と予算制度の満足度とのクロス表

		予算制度の満足度			合計
		不満（1，2，3）	4	満足（5，6，7）	
差異分析技法が未成熟	重視と回答	12社 (40.0%)	12社 (40.0%)	6社 (20.0%)	30社 (100.0%)
	その他	41社 (27.2%)	59社 (39.1%)	51社 (33.8%)	151社 (100.0%)
合　計		53社 (29.3%)	71社 (39.2%)	57社 (31.5%)	181社 (100.0%)

注：Pearson のカイ 2 乗値 4.166，$p = -0.126$。

ある。「差異責任追及の困難性」を重視と回答した企業のうち，44.7%（38社中17社）の企業が予算制度に満足していない。この数値は，この項目を重視と回

答していない企業の同比率（25.2％）よりも19.5ポイント高くなっている。

また，**図表5-15**は，「差異分析技法が未成熟」と予算制度の満足度とのクロス表である。「差異分析技法が未成熟」を重視と回答した企業のうち，40.0％（30社中12社）の企業が予算制度に満足していない。この数値は，この項目を重視と回答していない企業の同比率（27.2％）よりも12.8ポイント高くなっている。

他の項目については，それを重視と回答している企業と回答していない企業で比較した場合，予算制度の満足度との関係において大きな変化はみられない。このことから，予算実績差異分析結果の利用上の問題における「予算数値の信頼性が希薄」「差異責任追及の困難性」および「差異分析技法が未成熟」と予算制度の満足度には相関関係があり，これらの項目を重視する企業では予算制度の満足度が低くなる傾向にあるといえるのではないか。

とはいえ，予算制度の満足度に明らかに影響を及ぼすような特定の要因については，本調査において，明確にはできない。

次に，予算制度の機能として，今後重視すると考えているものについてみていくことにする。今後重視する予算制度の機能〔Ⅵ-2〕について，本調査と過去2回の調査とを比較したものが**図表5-16**である。本調査では今後重視する予算制度の機能を3つ以内で尋ねているのに対し，2002年調査では項目ごとに「重視しない」から「極めて重視」の5点尺度，また1992年調査では項目ごとに重視する程度として「かなり重視」と「極めて重視」の2点尺度で尋ねているため，単純には比較できない。

本調査において今後重視する予算制度の機能として回答が多かったものは，上位から順に，「全社的目標・方針の形成の助成」67.4％（184社中124社），「個別経営計画の実効化」41.3％（同76社），「大綱的経営計画の実効化」36.4％（同67社）である。この3項目については，2002年調査と1992年調査においても「極めて重視」と回答した企業が多かった上位3項目である。予算には，一般的に，計画機能，調整機能および統制機能があるといわれるが，この3項目は計画機能に関するものであり，計画機能が時代や経営環境の変化にかかわらず予算制度にとって重要な機能として重視され続けていることがわかる。

[図表5-16] 今後重視する予算制度の機能

	2012年調査	2002年調査	1992年調査
全社的目標・方針の形成の助成	124社（67.4％） （25.8％）	59社 （23.0％）	120社 （18.6％）
大綱的経営計画の実効化	67社（36.4％） （14.0％）	43社 （16.7％）	100社 （15.5％）
個別経営計画の実効化	76社（41.3％） （15.8％）	40社 （15.6％）	84社 （13.0％）
部門，職能，課題間の業務活動の調整・統合	59社（32.1％） （12.3％）	22社 （8.6％）	71社 （11.0％）
部門の業務執行活動の事前牽制	21社（11.4％） （4.4％）	17社 （6.6％）	40社 （6.2％）
部門の業務執行活動の誘導	38社（20.7％） （7.9％）	14社 （5.4％）	49社 （7.6％）
部門責任者の業績審査	7社（3.8％） （1.5％）	13社 （5.1％）	35社 （5.4％）
業務改善*	50社（27.2％） （10.4％）	23社 （8.9％）	62社 （9.6％）
構造改善*	33社（17.9％） （6.9％）	26社 （10.1％）	82社 （12.7％）
その他	5社（2.7％） （1.0％）	―	1社 （0.2％）

注1：有効回答数は次のとおりである。2012年調査184社，2002年調査158社（ただし*は159社），1992年調査168社。なお，「無回答」は除く。
注2：2012年調査は「重視するものを3つ以内で挙げてください」という質問に対する回答であり，割合は回答合計数（480社）に対するものである。また，会社数右の括弧内の割合は，有効回答数184社に対するものである。
注3：2002年調査は各項目について「重視しない」「それほど重視しない」「どちらともいえない」「重視」「極めて重視」という5点尺度で質問しており，そのうち「極めて重視」と回答した会社数である。割合はその合計数（257社）に対するものである。
注4：1992年調査は各項目について「かなり重視」「極めて重視」という2点尺度で質問しており，そのうち「極めて重視」と回答した会社数である。割合はその合計数（644社）に対するものである。

　また，本調査で4番目に多かった回答は「部門，職能，課題間の業務活動の調整・統合」であり，32.1％（184社中59社）であった。これは予算制度の調整機能に関するものであり，この機能についても比較的多くの企業で今後重視すると考えられている。

これに対し，予算制度の統制機能についての項目では，「部門責任者の業績審査」が3.8％（184社中7社），「部門の業務執行活動の事前牽制」が11.4％（同21社），そして「部門の業務執行活動の誘導」が20.7％（同38社）であり，計画機能や調整機能に関する項目と比較し，重視すると回答した企業が少なくなっている。とくに，「部門責任者の業績審査」については，これを重視する企業が調査ごとに顕著に減少している。

予算制度における3つの機能については，必ずしも並列的な関係ではなく，調整機能がより中心的な機能あるいは予算制度によって達成されるべき最終的結果として強調されること（小林（1996），44頁）もあるが，実務においては，計画機能が最も重視され続けてきており，また，今後も重視される傾向が強いと考えられる。

最後に，予算制度の有効性を高める方策として，企業が重視しているものについてみていくことにする。予算制度の有効性を高める方策〔Ⅵ-3〕について，本調査と過去2回の調査とを比較したものが**図表5-17**である。

本調査において予算制度の有効性を高める方策として最も回答が多かったものは「基本目標・方針の明確化」であり，53.8％（184社中99社）であった。この項目については，2002年調査においても「極めて重視」と回答した企業が2番目に多く，また，1992年調査においても「極めて重視」と回答した企業が最も多かった。前述の今後重視する予算制度の機能という質問において最も多くの企業が挙げた回答は「全社的目標・方針の形成の助成」であったが，それに対応し，この質問では「基本目標・方針の明確化」が最も多い回答になっているものと思われる。やはりここからも，予算制度において計画機能を重視する企業の姿勢を読み取ることができる。

次いで，本調査で2番目に多かった回答は「管理会計制度の充実」であり，38.0％（184社中70社）であった。この項目は，やはり過去2回の調査においても「極めて重視」と回答する企業が多く，2002年調査では全項目中3番目，1992年調査では2番目に多い回答であった。ここ数十年，経営環境の急激な変化に対応し，ABCやBSCなどの新たな管理会計技法が次々と生成，展開され

[図表 5-17]　予算制度の有効性を高める方策

	2012年調査	2002年調査	1992年調査
トップの理解の深化**	42社 (22.8%) (8.9%)	91社 (22.6%)	83社 (13.5%)
予算教育の充実**	50社 (27.2%) (10.6%)	25社 (6.2%)	41社 (6.7%)
参加の拡大*	9社 (4.9%) (1.9%)	15社 (3.7%)	38社 (6.2%)
管理者の努力**	34社 (18.5%) (7.2%)	39社 (9.7%)	―
基本目標・方針の明確化****	99社 (53.8%) (21.0%)	74社 (18.4%)	118社 (19.2%)
組織構造の改善***	25社 (13.6%) (5.3%)	23社 (5.7%)	63社 (10.3%)
予測技法の精緻化・導入****	41社 (22.3%) (8.7%)	14社 (3.5%)	49社 (8.0%)
計画技法の精緻化・導入***	26社 (14.1%) (5.5%)	12社 (3.0%)	53社 (8.6%)
経営情報システムの改善***	38社 (20.7%) (8.1%)	24社 (6.0%)	80社 (13.0%)
管理会計制度の充実***	70社 (38.0%) (14.8%)	41社 (10.2%)	89社 (14.5%)
個別業務へのIT（個別業務システム）の活用***	5社 (2.7%) (1.1%)	13社 (3.2%)	―
IT（統合業務システム・ERP）の活用****	31社 (16.8%) (6.6%)	21社 (5.2%)	―
IT（SCM, CRM）の活用***	0社 (0.0%) (0.0%)	10社 (2.5%)	―
その他	2社 (1.1%) (0.4%)	―	―

注1：有効回答数は次のとおりである。2012年調査184社，2002年調査 *156社，**157社，***158社，****159社，1992年調査174社。なお，「無回答」は除く。
注2：2012年調査は「重要なものを3つ以内で挙げてください」という質問に対する回答であり，割合は回答合計数（472社）に対するものである。また，会社数右の括弧内の割合は，有効回答数184社に対するものである。
注3：2002年調査は各項目について「重視しない」「それほど重視しない」「どちらともいえない」「重視」「極めて重視」という5点尺度で質問しており，そのうち「極めて重視」と回答した会社数である。割合はその合計数（402社）に対するものである。
注4：1992年調査は各項目について「かなり重視」「極めて重視」という2点尺度で質問しており，そのうち「極めて重視」と回答した会社数である。割合はその合計数（614社）に対するものである。

ている。企業予算の領域においても，ABCで使用されるコスト・ドライバーを組み込んだABBが新たに誕生している（岡本他（2003），124頁）。経営環境の変化に対応した新たな管理会計技法への期待が，この項目を挙げた要因の1つになっていると考えられる[4]。

また，「予算教育の充実」を挙げた企業が27.2%（184社中50社）であり，本調査では3番目に多い回答となっている。これを挙げた理由には，上述の新たな管理会計技法に対する教育の必要性といった点も含まれているものと思われる。

おわりに

本実態調査の目的の1つは，「企業予算制度が本当に不要であるのかというような，日本の企業予算制度の変化の方向性を提示する」ということであった。結論的には，第2章でみたように，本調査においても回答企業の98.9%（184社中182社）が企業予算制度を有しており，依然として予算制度がほとんどの企業で利用されているのが実情である。

また，これまでの分析から，ここ10年間において，伝統的な予算制度に抜本的な変化は生じていないと考えられる。しかしながら，時代や経営環境の変化に伴い，伝統的な予算の編成方針や差異分析結果の利用などに関し，変化がみられるのも事実である。今後は，ABBのような新しい管理会計技法の導入なども含め，経営環境の変化に即した予算制度の見直しや，そのための予算教育の充実がさらに図られる必要があると考えられる。

[注]
(1) 本調査および1992年調査と2002年調査とでは，回答数に若干の違いがみられる。すなわち，回答総数を有効回答数で割って回答数の平均をみると，本調査では1.7，2002年調査では2.4，1992年調査では1.7となっている。したがって，1社当たりの回答数は，2002年調査が本調査および1992年調査に比較して0.7多いことがわかる。

(2) このことは，予算編成において重視する目的を「部門主管者の業績評価」と回答した企業の割合が減少していることと整合している。すなわち，第3章でみたように，予算編成において重視する目的を「部門主管者の業績評価」とした回答企業の割合は，1992年調査の64.5％（172社中111社）から2002年調査の37.9％（161社中61社）へ，さらには本調査の6.5％（184社中12社）へと急激に減少している。
(3) 質問内容は同じであるが，調査により質問の仕方が若干異なっている。本調査では「現在の予算制度の満足度」，2002年調査では「予算制度の目的に照らして，その満足度」，1992年調査では「期間予算制度の満足度」という尋ね方をしている。
(4) ABCやBSCなどの新たな管理会計技法を導入している企業の事例については，第6章を参照されたい。

第6章 日本企業の予算管理への新技法の導入に関する分析

はじめに

　21世紀のグローバルな競争環境下で，日本企業はさまざまに戦略展開をはかっている。特にバブル経済崩壊後の10年間は，国内市場の縮小に適応すべく，海外に市場を求めて，積極的に経営効率化と海外展開をはかってきた。そして，先進企業では予算管理に関してさまざまな新技法を試みてきた。そこで，本調査では，2002年調査の中で行った「予算管理の新たな潮流」[1]に引き続いて，「IT化と連結経営」に関する調査を行った。具体的には，ERP（統合業務システム）の導入・活用状況と，連結ベースの予算管理の実施状況について調査を行った。ちなみに，2002年調査では，この点についてはほとんど見るべき結果は得られなかった。そこで今回改めて調査を行って10年後の進展状況を加えて分析した。

　前者については，IT化に関する管理会計技法として，ABC，ABM，ABB，BSCの4つの技法を取り上げ，日本企業におけるこれらの普及状況，すなわち，これらの技法の予算管理における活用の実態を調査した。そして最後に，本章の締括りとして，ABCとBSCを活用して成果を上げている企業への訪問調査の結果を事例として紹介した。

　また，後者の連結ベースの予算管理については，グローバル競争に伴う日本企業の海外進出の進展に対応した国際会計基準の採用企業の増加で，連結決算中心主義が浸透したことから，管理会計面でも実施状況は好転してきているよ

うである。

そこで第1節で，今回の調査と2002年調査とを比較して，この10年間に予算管理のIT化がどれだけ進展したかを分析した。第2節では，ABCやBSCについて過去に行われた実態調査の諸研究から得られた情報・知見を加えて普及状況とその問題点を検討した。この点に関して，本調査と過去の実態調査とでは，サンプル数や調査対象企業等が異なるため単純な比較をすることはできないが，進展状況のおおよその傾向を知ることで，問題点を明らかにすることができると考えた。そして最後の第3節で，訪問調査で得られたABCとBSCの実施の実例を紹介して，それらを普及させるうえでの課題を探った。

予算管理におけるIT化の進展と連結ベースの予算管理の実施状況

(1) ERPの導入とその予算管理への活用状況

まず，ERPの導入状況に関する調査結果についてみていくことにしよう。ERPの導入状況に関する質問〔Ⅶ-1〕について，本調査と2002年調査の単純集計結果を比較したのが，**図表6-1**である。

[図表6-1] ERPの導入状況

調査年 \ 回答	現在，導入している	近い将来導入することを検討中	将来も導入する予定はない	合　計
2012年調査	77社（41.8%）	39社（21.2%）	68社（37.0%）	184社（100.0%）
2002年調査	43社（27.7%）	59社（38.1%）	53社（34.2%）	155社（100.0%）

注：2002年調査の合計は「無回答」と（不明）を除いた会社数である。また2012年調査では，回答項目に「導入したが中止した」があるが，これを回答した企業はなかったので，この回答項目を表から削除した。

ERPの導入に関して「現在，導入している」と回答した企業が，本調査では41.8%（184社中77社），2002年調査では27.7%（155社中43社）という結果であり，14.1ポイント増加している。なお，「導入したが中止した」と回答した企

業はゼロであった。

　また本調査において,「近い将来導入することを検討中」という企業は21.2%（184社中39社）,「将来も導入する予定はない」という企業は37.0%（同68社）となっているが，2002年調査では，前者の結果が38.1%（155社中59社），後者の結果が34.2%（同53社）となっており，検討中の企業が16.9ポイント減少，導入予定がない企業が2.8ポイント増加という結果になっている。本調査で40%以上の企業がERPを導入していると答えていて，導入を検討中の企業は減少しているが，依然として「導入する予定はない」という回答が35%程度存在する。これは，ERP導入企業の割合が増加した分，検討中の企業が減少したとみられることから，問題は「導入する予定はない」と答えた企業が減っていないことであって，この点に関しては企業規模や業種との相関を検討する必要があると考える。

　アンケート調査の結果をみる限りでは，ERPは，わが国の企業に，企業経営の効率化に必要なツールの選択肢として受け入れられてきているように思われる。しかし，21世紀に入ってからの経済活動のグローバル化の急激な進展を考えると，わが国ではバブル経済崩壊後，企業の経営効率化が至上命題となっており，ITの活用は効率経営化の重要なツールであったはずで，その点では10年間で14.1ポイントの増加というのはむしろIT化の進展度は鈍かったといってよいであろう。

　次に，ERPを「現在，導入している」と回答した企業にたいして，ERPを予算管理にどのように活用しているかを尋ねた（〔Ⅶ-2〕）。その単純集計結

[図表6-2] ERPの活用状況

調査年＼回答	短期利益計画策定に活用	予算編成に活用	予算差異分析に活用	活用していない
2012年調査	26社（34.2%）	48社（63.2%）	62社（81.6%）	8社（10.5%）
2002年調査	18社（42.9%）	27社（64.3%）	28社（66.7%）	10社（23.8%）

注：複数回答可であり，表で示されている割合は，「現在，導入している」と回答した企業のうち，本質問で回答を得られた企業（2012年調査76社，2002年調査42社）に対する割合である（両調査とも1社無回答）。

果が**図表6-2**である。

　ERPを導入している企業についてみると，回答企業はERPを予算管理に積極的に活用しているようである。本調査では「活用していない」は10.5％（76社中8社）しかなかった。そこで，その活用の用途についてみると，「予算編成に活用」や「短期利益計画策定に活用」よりも「予算差異分析に活用」が本調査，2002年調査ともに多かった。すなわち，「予算差異分析に活用」との回答は本調査では81.6％（76社中62社），2002年調査でも66.7％（42社中28社）であった。

　ではなぜ「予算編成に活用」や「短期利益計画策定に活用」の程度が少ないのであろうか。理由としては，予測情報の信頼性の問題が考えられるが，その精度を高めることがERP導入の真の意図ではなかったか。ERP導入の本来の意図を忘れては経営の効率化はおぼつかない。企業はより精度の高い予測情報の収集に力を注ぐべきであろう。特に短期利益計画は年度計画で，予算編成の基礎データになるものであるから，ERPを最大限に活用してその精確な予測データの収集に努めるべきであろう。収集しやすいデータだけを活用していたのでは，「ERPを導入して効率的経営になった」ということにはならない。

　最後に，ERPを導入したことによる予算管理上のメリット〔Ⅶ-3〕について質問した。本調査と2002年調査の単純集計結果を比較したのが**図表6-3**である。

　本調査では，質問が「重視しているものを3つ以内で挙げてください」，そして2002年調査では，「重視する項目を上位から3つ以内で挙げてください」となっているので，単純に比較することはできないが，この10年間のおおよその変化を知ることはできるであろう。

　本調査と2002年調査ともに，予算管理上のメリットとして最も多い回答が「差異分析の原因解明に要する時間の減少」で，本調査では60.3％（73社中44社），2002年調査では60.7％（28社中17社）でその割合に大きな変化はなかった。次に多いのが，「予算の点検・修正の行いやすさ」（45.2％と46.4％）で，3位は「予算数値の信頼性の向上」（32.9％と50.0％）で，3位の回答数が17.1ポイント

第6章 日本企業の予算管理への新技法の導入に関する分析 | 121

[図表6-3] ERPの導入によって得られた予算管理上のメリット

調査年 \ 回答	予算編成について現場の協力が得やすくなった	予算数値の信頼性の向上	予算執行にあたっての障害要因の減少	予算目標の示達に関して現場部門の参加意欲の増大	予算の点検・修正の行いやすさ	予算修正における障害要因の減少
2012年調査	7社(9.6%)	24社(32.9%)	5社(6.8%)	3社(4.1%)	33社(45.2%)	6社(8.2%)
2002年調査	8社(28.6%)	14社(50.0%)	6社(21.4%)	3社(10.7%)	13社(46.4%)	3社(10.7%)

調査年 \ 回答	差異分析の原因解明に要する時間の減少	改善措置の設定の容易さ	差異分析の障害要因の減少	成果主義制度への信頼性の高まり	その他	
2012年調査	44社(60.3%)	12社(16.4%)	18社(24.7%)	1社(1.4%)	4社(5.5%)	
2002年調査	17社(60.7%)	4社(14.3%)	6社(21.4%)	1社(3.6%)	1社(3.6%)	

注1:有効回答数は,2012年調査73社,2002年調査28社である。なお,「無回答」および「不明」は除いた。
注2:2012年調査は3つ以内で回答したものの単純合計,2002年調査は第1位から第3位までの単純合計である。

減少している。これはこの10年で「予算数値の信頼性が高まった」,つまり,利用者が予算数値を納得して受け入れるケースが増えたからと考えてよいであろう。4位に「差異分析の障害要因の減少」があるのは,**図表6-2**の「予算差異分析に活用」の回答割合が最大であるのと符合する。

その他,両調査を比べて変化の割合の大きい項目は「予算編成について現場の協力が得やすくなった」(19.0ポイントの減少)と「予算執行にあたっての障害要因の減少」(14.6ポイントの減少)で,これは予算数値への理解度と信頼度が増したことが理由で,ERP導入の最大のメリットはこの点にあったといえるであろう。

以上,本調査から明らかなことは,ERPを採用した企業には,導入しただけで満足している段階を超えて,本格的活用の段階に入ったことを自覚した企

業が増えたということである。ERP は，これまでも，企業の情報利用者に精度の高い経営情報，特に実績情報を提供することで大きな貢献を果たしてきたが，今後は ERP のデータを，予算実績差異分析だけでなく，短期利益計画の策定や予算編成のために積極的に活用することはもちろん，中期経営計画の予測データの収集に活かすことができれば，ERP による真の効率経営を実現することができるであろう。

(2) 連結ベースの予算管理の実施状況

次に，連結ベースの予算管理の実施状況についてみていくことにする。本調査では，連結ベースのグループ予算〔Ⅸ-1〕，連結ベースの短期利益計画〔Ⅸ-2〕，連結ベースの CF 計画（見積キャッシュフロー計算書）〔Ⅸ-3〕の作成状況について質問した。それぞれの質問について，本調査と2002年調査の単純集計結果を比較したのが図表6-4である。なお，本質問の選択肢について，2002年調査では，「作成している」と「作成していない」の2項目であったが，2012年調査では「現在，作成している」「近い将来に作成することを検討中」「将来も作成する予定はない」「作成していたが中止した」の4項目になっている。そこで，2002年調査と比較可能にするため，「現在作成している」以外の選択肢を「作成していない」として処理した。

連結予算について，「作成している」と回答した企業は，本調査では77.5%

[図表6-4] 連結ベースの予算・短期利益計画・CF 計画の作成状況

		作成している	作成していない	合　　計
予　　算	2012年調査	141社（77.5%）	41社（22.5%）	182社（100%）
	2002年調査	94社（65.3%）	50社（34.7%）	144社（100%）
短期利益計画	2012年調査	131社（72.0%）	51社（28.0%）	182社（100%）
	2002年調査	82社（60.3%）	54社（30.7%）	136社（100%）
CF 計画	2012年調査	70社（38.5%）	112社（61.5%）	182社（100%）
	2002年調査	61社（43.3%）	80社（56.7%）	141社（100%）

注：合計はいずれも「無回答」および「不明」を除いたものである。

(182社中141社)，2002年調査では65.3％（144社中94社）と12.2ポイント増加している。また，連結短期利益計画を「作成している」企業は，本調査では72.0％（182社中131社），2002年調査では60.3％（136社中82社）で11.7ポイント増加している。2002年調査で，連結予算と連結短期利益計画をともに作成していると回答した企業は60％程度であったが，本調査では，その割合は増加して，連結予算では80％近くの企業が，また連結短期利益計画については70％以上の企業が「作成している」と回答した。この背景としては，過去10年間のグローバル化の進展と，それに伴う日本企業の旺盛な海外進出，その結果としての企業競争環境の激変を想い描かざるを得ない。

さらに，2002年調査では設定しなかった「近い将来に作成することを検討中」との項目について，これを選んだ企業の割合は，連結予算で8.8％（182社中16社），連結短期利益計画で8.2％（182社中15社）となった。これらを含めれば，連結予算と連結短期利益計画ともに80％以上の企業が「作成中」ないし「関心を持っている」と回答している。また，「作成していたが中止した」企業は，連結予算で0.5％（182社中1社），連結短期利益計画についてはゼロであった。

すでに述べたように，グローバル化の進展に伴う日本企業の海外進出の加速という経営環境の激変が，わが国の企業会計基準の国際会計基準への移行を促し，さらに2000年3月期決算から連結会計制度が本格的に導入され，同時に金融商品取引法によりキャッシュフロー計算書の作成が義務づけられた。こうした経営環境の実体的・制度的な変化は，企業経営者に為替のリスクヘッジや海外資金を含む効果的な資金管理対策の実施を促し，制度会計面からだけでなく，同時に実体面からも連結ベースの予算管理や資金管理の重要性を企業経営者に強く意識させるようになった結果であると考えられる。

なお，連結CF計画（見積キャッシュフロー計算書）については，「作成していない」と回答している企業が多く，本調査では61.5％（182社中112社），2002年調査でも56.7％（141社中80社）であった。連結CF計画を作成していない企業がいずれの調査年でも60％内外存在することの背景には，わが国では，従来

から「資金繰り表」が作成されてきたことが大きな要因になっているのではないかと考えられる。しかし，公表財務諸表にCF計算書の作成が義務づけられたことでもあり，本調査でも，連結CF計画の作成について，「近い将来に作成することを検討中」と回答した企業が23.1%（182社中42社）あり，連結CF計画を策定する企業は今後急速に増えていくことが予想される。

2　ABC，ABM，ABBおよびBSCの導入状況

(1) 本調査（2012年調査）の分析

次に，新しく提唱されたABCやBSCといった管理会計技法が，現在どの程度日本企業に浸透しているかをみていきたい。加えて，これらの技法が予算管理にどれだけ活用されているのかについても検討する。**図表6-5**は，今回の調査でABC〔Ⅷ-1〕，ABM〔Ⅷ-2〕，ABB〔Ⅷ-3〕，そしてBSC〔Ⅷ-4〕の導入に関する質問の回答結果をまとめたものである。

「現在，導入している」と回答した企業は，**図表6-5**で示されているように，ABCが8.5%（177社中15社），ABMが4.0%（175社中7社），ABBが4.6%（175

[図表6-5]　ABC，ABM，ABB，BSCの導入状況

手法＼回答	現在，導入している	近い将来に導入することを検討中	将来も導入する予定はない	導入したが中止した	合　計
ABC	15社 (8.5%)	7社 (4.0%)	152社 (85.9%)	3社 (1.7%)	177社 (100%)
ABM	7社 (4.0%)	8社 (4.6%)	158社 (90.3%)	2社 (1.1%)	175社 (100%)
ABB	8社 (4.6%)	8社 (4.6%)	158社 (90.3%)	1社 (0.6%)	175社 (100%)
BSC	14社 (7.9%)	13社 (7.3%)	145社 (81.9)	5社 (2.8%)	177社 (100%)

注：合計はいずれも「無回答」および「不明」を除いたものである。

社中8社),そしてBSCが7.9%(177社中14社)という結果であった。

このように,本調査結果からは,わが国では,ABC,ABM,ABB,それにBSCといった新管理会計技法を導入する企業の割合は非常に少ないといわざるを得ない(いずれも10%以下)。そのうえ「将来も導入する予定はない」と回答した企業は,ABCで85.9%(177社中152社),ABMでは90.3%(175社中158社),ABBでは90.3%(175社中158社),そしてBSCでも81.9%(177社中145社)であった。いずれの技法も「採用予定なし」が80%から90%と高い値である。これらの技法が導入された時期は,わが国がバブル経済の崩壊から抜け出すために減量経営に辛苦していた時であった。そうした状況下にもかかわらず,アメリカから導入された新管理会計技法はわが国の企業経営には根づかなかった。その背景・原因はどこにあったのか,なぜ企業は最新の技法を深く学習し,経営改善に役立てようとしなかったのか,これらの理由を解明することができれば今後に大きな問題提起となることであろう。

なお,本調査においては,現時点でもABCやBSCを導入した企業の割合は非常に少ない(10%以下)という結果になった。また,2002年調査では,ABC,BSCの導入状況に関する質問項目はないため,そのことを知ることはできない。

そこで,見方を変えて,BSCを導入した企業(14社)について,その活用状況,つまり,BSCと予算制度との関係〔Ⅷ-5〕について調査した結果が**図表6-6**である。

[図表6-6] BSCと予算制度の関係

BSCを予算に反映させている	BSCを予算に反映させていない	合　計
8社(57.1%)	6社(42.9%)	14社(100%)

注:合計は「無回答」,「不明」を除いたものである。

上表にあるように,BSCを導入した企業についてみると,「BSCを予算に反映させている」と回答した企業が57.1%(14社中8社)と半数以上ある。つまり,

BSCを予算制度と「関連づけて」考えている企業が多いが、それでも、「反映させていない」と答えている回答も42.9％ある。このことは、日本企業では、BSCの活用方法とその効果はまだ十分に認知されていないことがその理由と考えてよいであろう。

BSCは、経営環境の不確実性の高い時代に、経営戦略を予算管理にリンクさせる技法としてその効果が期待できるものであり、業績評価機能を併せ持つBSCを予算管理に活用することは、今日的に重要な課題であるといえる。この点で、日本においては、BSCの効果が十分に認知されておらず、導入企業の数自体もまだ少ない状況にあるので、今後はBSCを予算管理にリンクさせる具体案を示す研究を積重ねていくことが望まれる。今後、ABCやABM、ABB、BSC等の管理会計技法を普及させようとするならば、われわれ研究者が、これらの技法について活用可能なレベルまで具体的研究を積み重ねる必要があると考えられる。

(2) ABC, BSCの導入に関する過去の実態調査

すでに検討したように、本調査においては、今日でもABCやBSCを導入した企業の割合は非常に少ないという結果になった。しかし、2002年調査では、ABC、BSCの導入状況に関する質問項目がないため、そのことを知ることはできない。そこで、本調査以前のABC、BSCの導入状況を把握するため、過去の実態調査の研究結果をみていくことにしよう。以下の諸研究では、当然サンプル数や調査対象企業が異なるために単純に比較することはできないが、導入状況のおおよその傾向を知ることはできるであろう。

① ABCに関する実態調査

まず、過去に行われたABCの導入状況に関する実態調査を検討していく。ABCの導入状況に関する実態調査は、わが国においていくつか実施されているが、ここではそのうち、櫻井（1992）[2]、日本大学商学部会計学研究所（1996, 2004）[3]、日本会計研究学会特別委員会（代表吉川武男）（1999）[4]、および吉田・

福島・妹尾 (2012)[5]の実態調査を取りあげて，それらの調査結果を検討する。

(a) 櫻井調査 (1992)

同調査は，1990年代初頭にCIM（Computer Integrated Manufacturing）環境下におけるわが国の原価管理の実態を調査したものである。調査時期は1992年で，調査対象はCIMを導入している可能性のある産業を対象に，東証一部上場企業のうちの5業種（電気機器，輸送用機器，精密機械，機械，金属製品），309社（回答企業161社）に関するものである。

この調査でのABC導入状況の調査では，「知らない」と回答した企業が55.4％（157社中87社），「関心がない」と回答した企業が4.5％（同7社），「検討しない」と回答した企業が34.4％（同54社），そして「検討中」との回答企業は1.9％（同3社）で，「導入した」との回答は3.8％（同6社）となっている。

同調査は，ABCが提唱されて数年後の調査で，その結果は，半数以上がABCを「知らない」と回答しており，また知っていても「検討しない」と回答した企業が35％ほどもあり，ABCについては認知度・関心度ともに低いという結果が示された。

(b) 日本大学商学部会計学研究所調査 (1996, 2004)

同研究所の調査は1994年と2002年の2回行われた。最初の調査は，調査時期が1994年で，調査対象が東証一部上場の製造業703社とサービス・非製造業530社，合計1,233社（回答企業：製造業202社，サービス・非製造業151社，回収率28.6％）である。二度目の調査は，調査時期が2002年で，調査対象が東証一部上場の製造業824社とサービス・非製造業690社，合計1,514社（回答企業；製造業102社，サービス・非製造業90社，回収率12.7％）である。

同研究所の二度の調査について，高橋 (2005)[6]ではこれら2調査の比較を試みている。同氏の研究をもとにして，1994年と2002年のABCの導入状況を比較したのが**図表6-7**である。

まず，ABCの認知度に関して，両調査の結果から，「知っていない」と回答した企業の割合は，製造業，サービス業ともに減少している。2002年調査で，ABCを「知っていない」と回答した企業は，サービス業で30.6％ほどあったが，

[図表6-7] ABCの導入状況

		製造業		サービス業	
		企業数	%	企業数	%
① 知っていない	2002年調査	11	11.1%	26	30.6%
	1994年調査	60	29.7%	53	40.8%
② 知っている	2002年調査	89	89.0%	59	69.4%
	1994年調査	142	70.3%	76	59.2%
a 実施していない	2002年調査	81	91.0%	45	76.3%
	1994年調査	120	84.5%	60	77.9%
b 実施している	2002年調査	8	9.0%	14	23.7%
	1994年調査	22	15.5%	16	22.1%

注：上記の表は，高橋（2005）に掲載の図表33と図表34を1つにまとめたものである。また，元の表では小数点第2位まで示されているが，上記の表では小数点第2位で四捨五入している。

製造業では11.0％であり，製造業での認知度は非常に高くなっている。

一方で，ABCの実施状況では，1994年調査，2002年調査ともに，製造業よりもサービス業のほうの数値が高くなっており，また2002年調査では，割合，実数ともにサービス業の数値が高くなっている。特に1994年と2002年の調査では，製造業において実施割合が6.5ポイント下がっている。この間の状況は，サービス業等でもABCに対する認知度が高まってその導入の試みがなされたのであろうと考えられる。しかし，サービス業でもその実施割合が大きく向上しているというわけではない。

(c) 日本会計研究学会特別委員会調査（1999）

同調査（1999）は，日本の上場企業を対象としたABCに関する実態調査の結果である。調査時期は1998年で，調査対象は東証一部上場企業1,337社（製造業749社，非製造業588社，回答企業371社）である。

この調査でのABCの導入状況に関する質問の結果は，「ABC採用」と回答した企業が6.7％（330社中22社），「将来採用」と回答した企業が2.1％（330社中7社），「過去採用」と回答した企業が0.3％（330社中1社），「検討後不採用」と回答した企業が4.5％（330社中15社），「検討中」と回答した企業32.4％（330社中

107社），「非検討」と回答した企業が53.9％（330社中178社）となっている。

同調査は，先の櫻井調査（1992）から6年後の1998年に上場企業に対して行なわれた調査であるが，ABC 導入企業は6.7％で，「将来に採用」と回答した企業を加えても全体で8.8％であり，吉川調査でも導入割合は非常に低いという結果になっている。

(d) 吉田・福島・妹尾の調査（2012）

同調査（2012）は，わが国の製造業，非製造業における管理会計実践の実態を明らかにするために実施された調査である。調査時期は2009年で，調査対象は東証一部上場企業全製造業851社（回答企業151社：回収率17.7％），同じく東証一部上場非製造業856社（回答企業127社：回収率14.8％）である。

この調査での ABC の導入状況に関する質問は，製造業については製造間接費，非製造業については本社費・共通費の配賦計算における配賦基準としての ABC の採用を尋ねている。その結果，製造業については ABC を配賦基準としている企業が5.6％（143社中8社），非製造業については7.3％（109社中8社）となっている。

ABC が日本に紹介されて20年余が経過した。先の櫻井の1992年調査では，「知らない」と回答した企業が55.4％であったのに対して，日本大学商学部会計学研究所の2002年調査では「知っていない」と回答した企業が11.0％，「知っている」と回答した企業が89.0％となっており，この間に ABC は日本企業にかなり認知されてきたようである。

しかしながら，その導入状況をみると，日本大学商学部会計学研究所の1994年調査では「実施している企業」が製造業で15.5％，サービス業で22.1％，2002年調査でも製造業で9.0％，サービス業で23.7％となっており，とくにサービス業で大幅な増加がみられ，普及してきたようにみえるが，1998年の吉川調査では「採用企業」が6.7％であり，また2009年の吉田他の調査では，1998年の吉川調査よりも低い数値（製造業，非製造業の合計で6.3％）となっている。若干質問の仕方等に異なる点があり単純には比較できないが，総じてみると，ABC はわが国の産業界では，認知されてはいるが，積極的に導入するまでに

至っていない，という結論になる。

　以上，過去の4つの実態調査に関する研究を検討したが，これらの研究から，日本では，90年代初期から現在まで一貫してABCの導入割合は低いということがわかった。櫻井調査（1992）や日本大学会計学研究所調査（1996，2004）の結果から，ABCの認知度自体は上がってきているが，それが実際に「実施」につながっていないのが実情である。また「採用を検討中」と回答した企業は吉川調査（1999）では30％ほどあったが，本調査では，ABC，ABM，ABBともに4％ほどである。両調査を単純に比較することはできないが，一時盛り上がったABCに対する企業の期待や関心が今日では急速に低下してきているのは確かであろう。したがって，現状では，製造業で将来にABC導入企業の割合が増加することは期待薄であると予想される。

　一方，日本大学会計学研究所（1996，2004）の調査結果からは，サービス業の企業が今後ABCを導入する可能性が高いと予想される。つまり，将来的にABC普及のカギはサービス業が握っているといえるであろう。こうした現状をどう理解すればよいのであろうか。また，製造業に導入するうえでの阻害要因としてはどのようなことが考えられるのであろうか。

　なお，近年，ABCの普及状況が低調なのは，日本の問題だけではなく，欧米の企業でも同様な状況にあるようである[7]。つまり，ABCの導入割合が低いのは，日本だけの現象ではないのである。ここから，不況期に斬新な管理会計技法として提案されたABCの導入が，日本だけでなく欧米の企業でも進まない，その理由を解明することは，今後のABCの展開にとって重要な課題であるといえよう。

② BSCに関する実態調査

　次に，BSC導入の実態調査について，過去に実施された研究を検討する。BSC導入に関する過去の実態調査で主なものを挙げると，乙政（2003）[8]，松原（2003）[9]，青木・櫻井（2003）[10]，森沢・宮田・黒崎（2005）[11]，福田（2005）[12]，森口（2010）[13]等の研究を挙げることができる。そこで，それぞれの調査対象と

調査時期をみていくことにする。

乙政（2003）は，調査対象が東証一部上場の建設を除く827社（回答企業161社：回収率19.5%）で，その実施時期は2001年である。そして松原（2003）は，筑波大学小倉研究室の調査で，その調査時期は2002年，調査対象は東証一部上場企業1,555社（回答企業151社：回収率9.7%）である。また青木・櫻井（2003）は，調査対象が東証一部上場の製造業・電力ガス・金融業300社（回答企業107社，回収率35.7%）で，時期は2003年である。森沢他（2005）は，野村総合研究所の調査を掲載していて，対象企業は1,330社（有効回答189社：有効回答率14.2%）で，調査時期は2003年である。福田（2005）は，東証一部上場企業1,534社（回答企業68社：回収率4.4%）を対象に2004年に実施された。最後の森口（2010）は，2009年に東証一部上場企業1,716社（回答企業151社：回収率8.8%）を対象にした調査である。

以上，これら6つの調査と本調査の結果をまとめたのが図表6-8である。なお，調査によってBSC導入状況の質問に対する回答の選択肢の数や表現が異なるので，図表6-8では各調査間の比較可能性を高めるための調整を行った[14]。

図表6-8より，日本企業におけるBSCの導入の過去10年間の進展を俯瞰するならば，一言でいってその進展は非常に緩慢であった。すなわち，この10年間のBSCの浸透状況の推移は，2003～4年頃に一時盛り上がりの気配があったが，その後はむしろ低落傾向にあることが一目でわかる。また「導入を検討中」と回答した企業数の割合も低下している。

森口（2012）は，日本企業でBSCの導入が進まない理由として，わが国企業ではマネジメントにおいて，目標管理がBSCと同様の機能を果たしていることを指摘している。確かに従来から目標管理や方針管理とBSCとの類似性は議論の的になっており，この点がBSCの普及を妨げる要因になっている可能性は高いといえるが，それ以上に，日本企業では，目標管理を含めて伝統的予算管理に対する信頼性が高いことが理由であるといってよいのではないだろ

[図表6-8] BSCの導入状況

	導入している	導入を検討中	導入していない	合　　計
2001年調査 (乙政, 2003)	7社 (4.3%)	17社 (10.6%)	137社 (85.1%)	161社 (100%)
2002年調査 (松原, 2003)	15社 (9.9%)	13社 (8.6%)	123社 (81.6%)	151社 (100%)
2003年調査 (青木・櫻井, 2003)	20社 (18.7%)	31社 (29.0%)	56社 (52.3%)	107社 (100%)
2003年調査 (森沢他, 2005)	35社 (18.5%)	85社 (45.0%)	69社 (36.5%)	189社 (100%)
2004年調査 (福田, 2005)	9社 (13.6%)	18社 (27.3%)	39社 (59.1%)	66社 (100%)
2009年調査 (森口, 2010)	17社 (11.3%)	5社 (3.3%)	128社 (85.3%)	150社 (100%)
2012年調査 (本調査)	14社 (7.9%)	13社 (7.3%)	150社 (84.7%)	177社 (100%)

うか。

　以上から，BSCに関していえることは，これまでのBSCの研究と啓蒙努力にもかかわらず，日本の企業経営に普及・定着することはなかった。今後の課題はその原因を追究して，そこからBSCのより効果の高い実施策を提案するとか，あるいは目標管理や方針管理と融合したBSCの改良型モデルを提示するといった努力が必要とされるであろう。

3　事例研究

　前節では，新たな管理会計技法であるABC，ABM，ABB，およびBSCの普及状況等について検討した。その結果は，これらの諸技法が日本の企業にはほとんど定着しなかったという結論になった。その原因がどこにあったかは今後の検証に待たなければならないが，それでもこれらの技法を活用して成果を上げている企業も少なくない。そこで本節では，経営効率化のためにABCと

BSCを活用して成功している企業の実例を紹介したい。

(1) ABC活用の事例（A社）

① A社の概要

　A社は電気通信事業を営んでいる。本社は東京にあり，主として3つの事業を展開している。それは，個人向け事業，法人向け事業，およびグローバル事業である。組織形態は事業部制がとられている。

② A社のケース

　A社は市場に提供しているサービスのコストを把握するためにABCの考え方を取り入れている。これは，2003年頃のサービスの多種多様化に伴って各サービスのコストを把握し，収益性を測定する必要性から導入を決定したものである。この考え方によって提供される情報は，事業採算に横串を刺す参考データとして位置づけられている。

　A社では，そのためにABCの考え方を取り入れた共通費の配賦を行っている。そこでは，全コストをバリューチェーンに着目したプロセスに分解し，その後，それを各サービスへ配賦するという形態が取られている。A社は，この情報に，オペレーション別，ネットワーク区分別，および地域別などの付加情報を加えたデータ分析も行っている。その理由は，コストの発生源泉を多方面から明らかにしたいためである。これらの情報は，各事業部へ提供される。**図表6-9**は，A社のコストの流れを示したものである。

　ここで，費目別は，起票される伝票ごとに区分されるものである。**図表6-9**に示されている他に，作業委託費，交際費および事業所家賃などがある。費用区分別（バリューチェーン）は，A社のサービスが提供されるまでの流れを表したものである。たとえば，ある通信サービスを顧客に提供するには，通信設備をネットワークでつなぎ（設備費），運用保守するための体制を整え（運用費），宣伝など営業活動を行う（営業費）必要がある。そして，利用開始後の顧客に対するサポート活動を行う（サポート費）ことではじめて収益を生み出

[図表 6 - 9] A社のコストの流れ

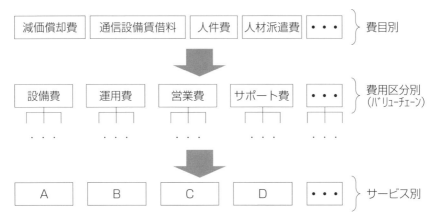

出典：A社の提供資料に基づき筆者作成。

すのである。A社では，顧客に提供するサービスを，一般にはサプライチェーンと呼ばれている費用区分別（バリューチェーン）に費目別のコストを集計している。なお，費用区分は，階層化されており，最も細かい階層で130種類あるという。

そして，サービス別は，A社が提供しているサービスを表したものである。具体的なサービスの名称は示していないが，約70種類以上のサービスが存在する。基本的に費用区分別（バリューチェーン）に集計されたコストは，各サービスに直課される。次に，**図表 6 - 9**で示したコストの流れを，ABCの考え方を取り入れた共通費の配賦に当てはめてみていくことにする。**図表 6 -10**は，それを示したものである。

図表 6 -10から明らかなように，まず，共通費用に区分される各コストは，発生部門の業務分掌その他の情報により各活動に割り当てられる。ついで，各活動に割り当てられたコストは，容量，面積，作業量，工事件数，顧客獲得数，発行件数などのコスト・ドライバーにより各サービスに割り当てられる。基本的には，テキスト等で示されているとおりである。

これにより，A社は各サービスのコストを把握している。また，この情報は，

[図表 6-10] ABCの考え方を取り入れた共通費の配賦

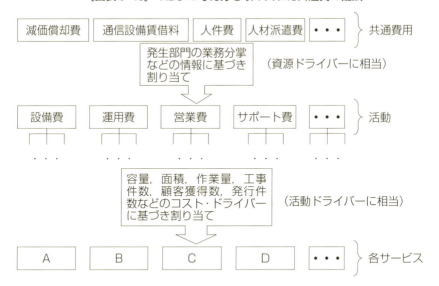

出典：A社の提供資料に基づき筆者作成。

費用区分別（バリューチェーン）にも把握されていることから，プロセスの見直し等にも用いられている。

③ ABCの基本形との比較

ABCは，1980年代に出版されたH.T.ジョンソンとR.S.キャプランの『レレバンスロスト：管理会計の盛衰』（鳥居宏史訳，白桃書房，1992年）に対応する新しい管理会計技法として台頭してきた。その特徴は，より正しい製品原価ないしはサービスの原価を測定できるとするところにある。日本においては，1990年代に理論面での検討が盛んにみられるのと同時に，実務での導入も行われてきた。そこでは，製造業だけでなくサービス業での導入もみられている。

ここでは，これまでみてきたA社のケースについて，ABCの基本形と比較して，その特徴を明らかにしていくことにする。図表6-11は，ABCの基本形を表したものである。

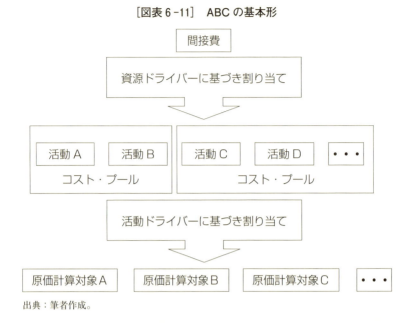

[図表6-11] ABCの基本形

出典：筆者作成。

　ABCは，間接費のより正確な割り当てに焦点が当てられている。そのため，一般的には間接費を各活動に割り当てることが行われる。その際に基準となるものが資源ドライバーである。このドライバーは，理論的には間接費を各活動へ合理的に割り当てる配賦基準となっている。しかし，後に示す活動ドライバーに比べて具体的かつ明確な基準をみつけることは困難である。実際には，A社のケースで示されているような基準で行われることが多いものと思われる。

　各活動に割り当てられたコストは活動ドライバーに基づき各製品に割り当てられる。このドライバーには，作業時間などの操業度関連の配賦基準の他，検査回数や段取り回数などの非操業度関連の配賦基準が含まれている。コスト・ドライバーといった場合，この活動ドライバーを指すことが多い。また，コスト・プールとはある活動が行われる部門や課に相当する単位をいう。A社のケースでは，容量，面積，作業量，工事件数，顧客獲得数，発行件数などがコスト・ドライバーとして用いられている。その数は，約250種類に及ぶという。

現在，パソコンレベルでさえ，この程度の計算は容易にできてしまうので，各サービスのコストを把握する目的では，種類の大小は問題とならないのかもしれない。

(2) BSC 活用の事例（B社）

① B社の概要

B社は主として医療用医薬品事業を営んでいる。本社は東京にあり，2013年3月期の売上高は1,200億円，営業利益は60億円程度である。

② B社のケース

B社は，BSCを活用し，3年間の中期経営計画をベースに各年度の経営方針を社長が策定し，それを各本部の運営方針や重点目標にブレークダウンし，期末に達成状況報告という形で活動状況を振り返るという仕組みをとっている。予算や個人の目標管理制度などは，この流れにそって展開されており，BSCはB社のPDCAサイクルの中心的な役割を果たすものである。

従来からあった目標管理制度は，「上位組織からの目標展開に抜け漏れがある」「目標が定性的な表現で，目指すレベルが曖昧」「期末の実績評価も曖昧で，しっかりとした評価・反省に基づいた翌期の目標設定になっていない」といった課題があり，策定した戦略の遂行を後押ししていく役割を十分に果たせているか疑問が残る状況であった。

そこでBSCを用いて従来の制度を「戦略的組織目標管理制度」へと改善することで，各組織のPDCAサイクルをしっかりと機能させ，戦略実行力を強化していくこととなった。

B社では，2008年にBSCの考え方をもとに組織の戦略実行を推進するシステムとして「戦略的組織目標管理制度」を導入した。

(a) B社のBSCの基本構成

BSCにおける戦略マップは，各組織の中期戦略をベースにマップ上に記載している。「組織の目指すべきビジョン」を達成するための「戦略上の目標と

[図表6-12] 戦略的組織目標管理制度と予算制度，個人目標管理制度との関係

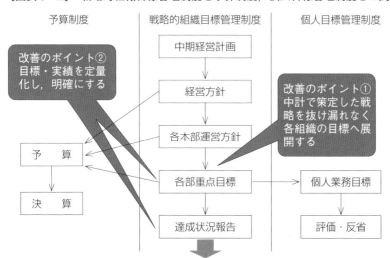

出典：B社の提供資料に基づき筆者作成。

打ち手」が，財務の視点，顧客の視点，業務プロセスの視点，学習と成長の視点の4つの視点の上に記載されており，それぞれの因果律が矢印で結ばれている。矢印で結ばれた戦略目標の間には，ゆるやかな目的と手段の関係がある。

これらの戦略目標には，そのすべての目標の達成状況を定量的に測定するための「成果指標」が設定されている。

戦略マップと対になる成果指標定義・総括表は，各成果指標の定義，責任部署，目標値，下限ポイントなどが記載されている。これをベースに各組織の「シート」や「行動計画」へと目標が展開されていく。

「シート」には，戦略マップと成果指標定義・総括表で設定された戦略目標が各組織の年度目標として記載されている。「シート」は本部，各部門，事業所などが対象に作成される。期初に年度の目標を設定し，上期末と下期末（6カ月ごと）にそれらの達成度を把握する。

「行動計画」は，戦略マップと成果指標・総括表で設定された戦略を各組織

[図表6-13] 戦略マップと成果指標定義・総括表

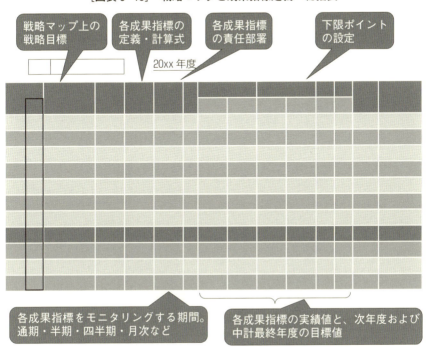

出典：B社の提供資料に基づき筆者作成。

の半期ごとの具体的な計画として表すものである。

(b) 戦略思考・定量評価の重要性

同社では，策定した戦略が十分に実行されていない原因を，実行に対するチェックとそれに基づいたアクションが十分に行われない点にあるとみて，それは策定した戦略が定量的でなく曖昧な表現になっていることに真の原因があると考え，戦略を定量化することに重点を置いた。その結果，同社のBSCにはすべての目標や実績を定量化することが大きな特徴であり，これは，目標の1つひとつの進捗や実績について，当初の目標がどれだけ達成できたのか，未達の原因がどこにあるのか等を把握し，次にやるべきこと（課題）を明確にするという狙いがある。

[図表6-14] 戦略のブレークダウン

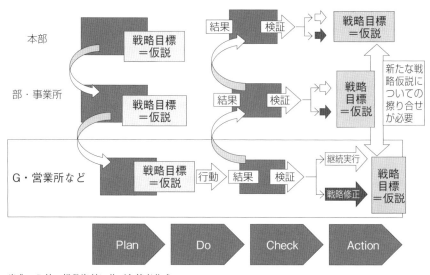

出典:B社の提供資料に基づき筆者作成。

　そのために目標の設定と同時に,実績を定量的に把握するための手段として「評点化ルール」を定めた。この評点化ルールの設定により,各目標の実効度合いが,「達成率○○%」といった具体的な数値として把握できるようになった。

(c)　B社のBSCの運用サイクルと人事制度との連動

　同社では,基本的には,「目標設定(期初)──→期末レビュー(半期ごと)──→期末実績──→翌期反映」というPDCAサイクルでまわし,目標設定に際しては,BSCの運用サイクルは財務目標と予算との連動,および目標遂行の責任の明確化のために上期と下期の半年サイクルとしている。

　目標の中身は中期経営計画からブレークダウンされた,各年度における社長(または会社)の運営方針をもとに「戦略マップ」「成果指標定義・総括表」が作成され,各本部(部門)にて「シート」が作成される。さらに傘下の組織はシートの目標から「行動計画」を作成し,上期末と下期末に実績を記入し,達

[図表6-15] BSCの目標設定

	中期経営計画	年度	
		期初（上・下）	期末（上・下）
全社	20xx年ビジョン／経営方針		
本部長 本社部長	戦略マップ／成果指標定義・総括表	シート目標	シート実績
事業所長		行動計画目標	行動計画実績
支店・営業所の組織長，工場・研究所傘下の組織長，グループ長等		行動計画目標	行動計画実績

出典：B社の提供資料に基づき筆者作成。

成状況を確認・検証し，次期へと反映させていく。

　B社のBSCは戦略的組織目標に対して達成度を定量化することを基本としている。その目的は，評価すること自体ではなく，戦略目標の進捗状況を可視化し，それを次の戦略に活かすことである。そこで算出される点数は，そのまま人事考課に直結するものではない。BSCと個人業務目標との関連は**図表6-16**に示されるとおりである。

［図表6-16］　BSCと個人業務目標との関係

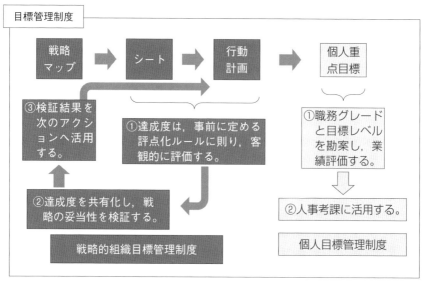

出典：B社の提供資料に基づき筆者作成。

4　考　察

　以上，日本企業のERPの導入に関する諸問題，ABC・ABM・ABB，BSCの普及，および連結ベースの予算管理の活用状況等について，2012年調査を中心に分析検討してきた。最後にその結果を整理しておこう。

　ERPの導入については，日本において，採用企業がこの10年間で着実に増加しているという結果が示されたのに対して，ABCやBSCといった管理会計技法の導入については，現在に至るもその導入は一部の企業，それも特殊原価調査的な分析に限られ，その導入割合は非常に低いという結果になった。

　ABCやABM，BSCは，わが国の産業界に「失われた10年」の暗雲を吹き飛ばす切り札のように登場したが，日本企業に浸透することはなかった。その原因がどこにあったのかを究明することは今後の重要な課題であろう。

そうしたなかにあって、今日でもABCやBSCの技法を活用して高い成果を上げているA社やB社のような企業もある。これらの企業がABCやBSCを導入してから実際に成功を収めるまでの苦労は並大抵のことではなかったであろう。そうした苦労を努力で克服したからこその成功である。本章で取り上げた事例はこれからこれらの技法を導入する企業によき参考となるであろう。

ABCやBSCの導入については費用対効果がネックになるであろうことから、そうであれば、伝統的な予算管理や原価管理、あるいは目標管理の技法と比較したABC, ABM, BSCのメリットを強調して啓蒙することも必要になるであろう。他方で、より簡便に導入できるシステムやソフトウエアの開発も必要となろう。より重要なのはABCやABM, BSCの導入手順を適切に指導する専門家を育成することであるかもしれない。

次に、ERPについては長年の積み重ねでわが国の産業界に大分浸透したようである。この点に関してはコンサルティング企業や監査法人の貢献は大きい。ERPに関しては各種のソフトウエアや指導するコンサルティング企業が存在するので、今後ABCやBSCに対応した低価格のソフトウエアが開発されれば、さらに普及が進むことであろう。そこで望まれるのは、ABCやBSCの本質とその活用を理解した専門家の育成で、ここに大学教育への期待がみてとれる。

連結ベースの予算管理についていえば、その背景として21世紀になってからの日本の企業を取り巻く環境変化に伴う旺盛な国際会計基準の導入の動きがある。特にグローバル化した市場環境にあって、日本の企業にとって海外展開や海外企業との合併・提携こそが生き残り策となりつつある。そこには連結経営が不可欠であり、わが国の企業会計基準も連結決算中心に移行した。

グローバル競争時代にはどの国の企業にとってもグループ経営の効率化（生産性の向上）が生き残るためのカギになる。そしてABC, ABM等の技法は経営の効率化に効果的な技法として提起されたものである。またBSCの技法も戦略経営における経営効率の多様な評価法として有効な技法である。事実、ABCやBSC導入企業では、それらを予算管理に活用した効果を高く認識している。しかし、未導入企業ではその効果を認識しているところは少ない。それ

ゆえ、これらの技法の効果（効率的経営への役立ち）を強調する必要がある。

おわりに

本章では、管理会計の最新技法の日本企業への普及状況について調査し、その結果を検討した。その結果、連結予算管理については普及が進んでいることがわかったが、そのほかの技法、つまり、ABC, ABM, ABB, BSC の諸技法については、わが国ではわずかな活用しかなく、しかも最近ではその導入企業が徐々に減少している傾向がみられた。ではなぜこれらの技法は普及しなかったのか。導入の緊急性や理解度の問題もあるだろう。投資効率（費用対効果）の問題もあったであろう。しかし、本章で取り上げた ABC, ABM, ABB, BSC 等の最新の諸管理会計技法は、経営効率化には欠くことができないものと考えられる。

他方で、グローバル競争環境の激化で、今後日本の企業はいっそうの経営効率化の実現に迫られており、またマクロ的には人口減少から経済状況が低成長の病、デフレ経済の長期化に陥ることが懸念されている。グローバル競争が激化する現代の経営環境にあっては、かかる企業経営の状況を打開する策として、ABC や BSC 等の技法の活用は有効であると考えられる。今後経営トップのなかにもそう考えるものは増えていくであろう。その時に備えて、大学教育を整備しておく必要があると思われる。同時に、本稿で取り上げた ABC, ABM, ABB, BSC 等の最新の諸管理会計技法について、これら諸技法の普及を妨げる問題点についても気づくことがあった。それは、これらの諸技法をもっと簡便に理解ができて応用可能なように咀嚼された実践的プログラムを提示することの重要性である。

今回の調査結果の分析から今後の研究の方向性と知見を得ることができたことは大きな成果といえよう。

[注]
(1) 日本管理会計学会・予算管理専門委員会（2005）を参照されたい。
(2) 櫻井（1992），2-14頁。
(3) 日本大学商学部会計学研究所（1996），日本大学商学部会計学研究所（2004）。
(4) 日本会計研究学会特別委員会（1999）。
(5) 吉田・福島・妹尾（2012）。
(6) 高橋（2005）。
(7) Rigby, D.（2003）.
(8) 乙政（2003）。
(9) 松原（2003）。
(10) 青木・櫻井（2003）
(11) 森沢・宮田・黒崎（2005）。
(12) 福田（2005）。
(13) 森口（2010）。
(14) 「導入している」に関して，青木・櫻井（2003）では，「本格導入済み」と「部分的導入」という2つの選択肢があるが，すべて「導入している」にまとめている。

また図表6-8では，各調査において「導入している」と「導入を検討中」を意味する選択肢以外をすべて「導入していない」としてまとめている。そこで，乙政（2003）の「検討したが断念した」「現時点での導入を考えていない」「今後とも導入することはない」「知らない」を，松原（2003）の「導入を検討したが，導入しなかった」「未検討またはBSCを知らない」を，青木・櫻井（2003）の「導入しない」「分からない」を，森沢ほか（2005）の「以前導入を検討したことがあったが，導入しないという結論になった」「現在は未導入で，導入の予定もなく，準備も全く行っていない（BSCを知らない）」を，福田（2005）の「導入していない」「未検討・知らない」を，また，本調査の「将来も導入する予定はない」「導入していたが中止した」をすべて「導入していない」にまとめている。

森口（2010）では「導入している」と「導入していない」の2択の質問の後に，未導入企業に対して導入していない状況に関しての質問をしている。その際，未導入企業の1社が導入していない状況に関する質問に対して無回答であったため，その1社を図表6-8の数字から除外している。また，森口（2010）で示された導入していない状況に関する選択肢のうち，「導入へ向けて準備中」「導入を検討中」を「導入を検討中」に，「現時点での導入は考えていない」「導入について検討したことはない」「以前導入していたが現在は取りやめた」「BSCを知らない」を「導入していない」にまとめている。

第7章 バブル崩壊以降の
　　　企業予算制度の動向

はじめに

　前章までにおいて，バブルが弾けて以降，20余年の間に企業予算制度がどのように変化を遂げてきたかを，一般財団法人産業経理協会の委嘱を受けて2012年に実施したアンケート調査[1]の結果を，平成4（1992）年に産業経理協会・企業予算制度委員会が実施した「わが国企業の期間予算制度の実態調査」[2]，および平成14（2002）年に日本管理会計学会・企業調査研究プロジェクト・予算管理専門委員会が実施した「わが国企業予算制度の実態調査（平成14年度）」[3]と比較検討することにより明らかにしてきた。本章では，それらの検討結果をもとに，この20年間の企業予算制度の動向についてグラフを活用して概観する[4]。

1　予算と経営計画との関係

　2002年調査直後の2003年にホープとフレーザーにより『脱予算経営』が公刊され，その後しばらく日本においても脱予算経営・脱予算管理について盛んに議論がなされた。そこでまず，1992年調査以降の予算の実施状況についてみることにしよう。

　図表7-1が示すように，1992年調査では回答したすべての企業に企業予算

制度[5]があり，2002年調査，本調査でも，ほとんどの企業が企業予算制度を設けていることがわかる。つまり，10数年前より脱予算経営が謳われているが，1992年調査，2002年調査，そして今回の調査の結果をみるかぎり，実際にはこの20年間変わることなく，多くの企業は予算により経営活動を営んでいるといえる。

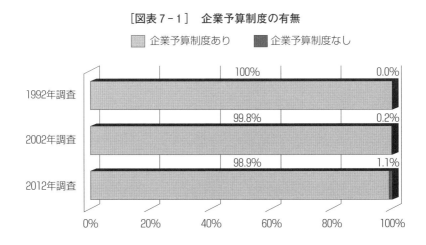

[図表7-1] 企業予算制度の有無

また，予算制度を効果的に実施する上で重要な機関である予算委員会が設置されているか否かについてみると，**図表7-2**のとおりである。予算委員会を設置している企業は前回と比較して7.1ポイント減少し，今回の調査では17.0％であるが，予算委員会の機能を他の機関が果たしている企業が3.4ポイント増加している。その結果，3回の調査からみると，減少傾向にあるとはいえ，多くの企業が予算委員会の形式をとっていなくとも，経営会議や，取締役などの合議体，経営企画部などの部署の名称のもとに，何らかの機関が予算委員会の機能を果たしていることがわかる。

それでは次に，経営計画についてみることにしよう。というのは，予算は経営計画に基づいて編成される，と一般にいわれているからである。すなわち，企業は長期にわたり自らを維持，存続，成長するために日々の経営活動を営み

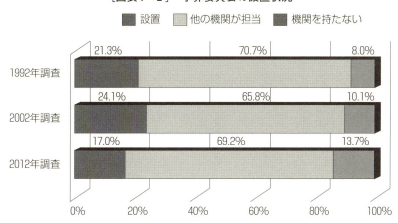

[図表7-2] 予算委員会の設置状況

適正な利益の獲得を図っている。そのために，中長期経営計画（3年ないし10年）を策定し，それに基づいて短期利益計画を策定する。しかしながら，この短期利益計画は大綱的な経営計画であり，実行計画とはいえないので，一般的には短期利益計画に基づいて実行計画としての予算が編成される。そこでまず，長期経営計画，中期経営計画，および短期利益計画をどの程度策定しているかをみることにしたい。そのうえで，経営計画と予算との関連について検討する。

長期経営計画，中期経営計画，短期利益計画の策定状況は**図表7-3**のとおりである。

長期経営計画は通常5年ないし10年といった長期間に及ぶため，1980年代以降の環境変化の激しい時代には，不確実性が大きく，その策定は困難であるといわれる。そのため，とくに日本においては，オイルショック以降，長期ビジョンに基づいて中期経営計画を策定している企業が多いといわれているが，実際にはどうであろうか。

3回の調査を比較してみると，**図表7-3**で明らかなように，1992年調査においては，長期経営計画を策定する企業が49.7％あったが，2002年調査では19.7％と，30ポイント減少し，さらに本調査でも0.9ポイントとわずかではある

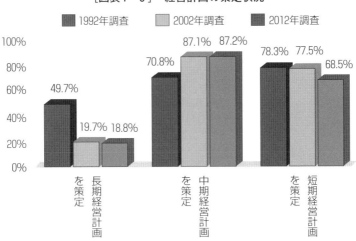

[図表7-3] 経営計画の策定状況

が減少している。つまり，バブルが弾けた直後の1992年調査ではほぼ半数の企業が長期経営計画を策定していたのに対し，「失われた10年」が経過した時点の2002年調査では，激減していることがわかる。バブル崩壊後，経営環境が悪化し，また急激な技術進歩やグローバル化の進展などにより将来にたいする不透明感・不確実性が増大したことから，長期経営計画を策定することが困難になったのか，あるいは策定する意味がなくなったのか，いずれにせよ長期経営計画を策定する企業は激減している。

他方で，中期経営計画を策定する企業は1992年調査においてもかなりの企業（70.8％）が策定していたが，2002年調査では87.1％と，さらに16.3ポイント増加している。このことから，長期経営計画に代わり中期経営計画が日本の企業においてかなり普及していることがわかる。本調査においても前回と比較して0.1ポイントではあるが，増加している。

短期利益計画については，1992年調査の78.3％から2002年調査の77.5％へと，さらに本調査では68.5％と，減少傾向にあり，1992年調査と比較すると，ほぼ10ポイント減少している。

次に，中長期経営計画と予算との関連についてみることにしよう。その結果は図表7-4のとおりである。

図表7-4で明らかなように，予算を「中長期経営計画とは別個に編成」していると回答した企業は，本調査では前回より若干増加したとはいえ16.5%にすぎない。したがって，両者はかなり高い割合で関連しているといえる。その内訳をみると，「中長期経営計画を予算編成の基礎」としている企業がこの10年でほぼ倍増している。しかしながら，これは，今回の調査で「予算編成の基礎で中長期経営計画の初年度分でもある」という選択肢を外したことが1つの要因であると考えられる。それはまた「中長期経営計画の初年度分」を予算としている企業の増加傾向にも反映している。

また，2002年調査において「中長期経営計画を予算編成の基礎」としていると回答した企業が1992年調査と比べて6.5ポイント減少しているのに対し，「中長期経営計画の初年度分」を予算としていると回答した企業は3回の調査を通じて一貫して増加傾向にあり，1992年調査と比較してほぼ倍増している。この

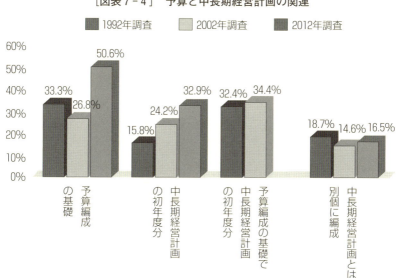

[図表7-4] 予算と中長期経営計画の関連

ことからローリング方式を採用している企業がこの20年間に逓増してきたといえる。

上述のように，短期利益計画は大綱的な利益計画であり，実行計画ではない。そのために，短期利益計画に基づいて実行計画としての予算が編成されると一般にいわれているが，実際には両者の関連はどのようになっているのであろうか。

図表7-5をみると，本調査において予算を短期利益計画とは「別個に編成」していると回答した企業はわずか5.5％にすぎない。つまり，ほとんどの企業は短期利益計画と関連して予算を編成しているといえる。そこで，その内訳をみると，「短期経営計画を予算の一環」と回答している企業が今回の調査ではほぼ6割を占めている。しかも，1992年調査では24.3％であったのが，2002年調査では45.5％，今回の調査では59.1％と，飛躍的に増加している。確かに，「予算編成の基礎」としている企業も前回と比べて増加し35.4％あるが，日本

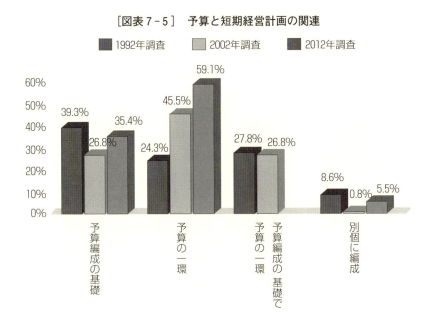

[図表7-5] 予算と短期経営計画の関連

においては短期利益計画に基づいて予算が編成される，と一般にいわれていることとは異なる調査結果になっている。

以上みてきたように，予算と中長期経営計画，短期利益計画とは高い割合で関連していることがわかった。

また，この20年間に変化したことは，中長期経営計画でいえば，長期経営計画を策定している企業が激減し，中期経営計画を策定する企業が増えており，しかもローリング方式を採用している企業が逓増している。さらに短期利益計画との関連でみれば，短期利益計画を予算の一環とみている企業が逓増し，今回の調査では6割弱を占めていること，逆にいえば，一般にいわれている短期利益計画を予算編成の基礎としている企業は三分の一を若干上回っているにすぎないということである。

それでは次に，予算期間の基本単位についてみることにしよう。その結果は**図表7-6**のとおりである。

1992年調査では基本単位を「1年であるが実質的に6カ月」と回答した企業が最も多かったが，2002年調査，本調査では基本単位を「1年」とする企業が最も多く，それぞれ46.6%，63.8%である。それに対して，「1年であるが実質6カ月」「6カ月」とする企業が逓減している。このことから年度単位で予算を編成する企業が増えてきているといえる。

次に予算の最小期間についてみてみよう。結果は**図表7-7**のとおりである。

最も多かった回答が「1カ月」であり，1992年調査の54.9%と比較して，2002年調査においては16ポイント増加し70.9%になり，本調査でもほぼ2002年調査と同水準（68.5%）である。また，「3カ月」と答えた企業は2002年調査と比べて2012年調査において倍増している。他方で，「6カ月」と回答した企業は一貫して減少している。

予算の最小期間を「1カ月」と回答している企業は，経営環境の変化が激しい中，前述のように，予算は年度で編成しているが，月次に財務目標の達成状況あるいは累積数値に基づいて検討することにより，年度予算における月次の進捗度合い，達成度合いを適時に評価することができるように，「1カ月」と

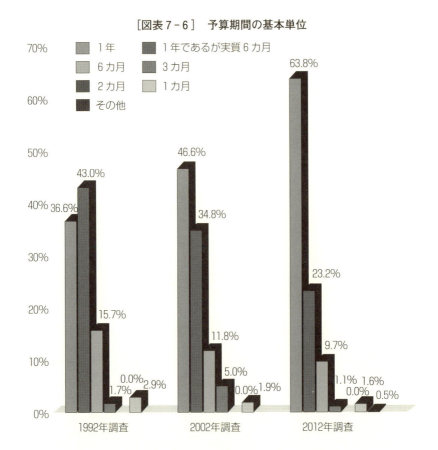

[図表7-6] 予算期間の基本単位

回答したと思われる。また，2012年調査において「3カ月」と答えた企業が倍増した背景には2008年の金融商品取引法の施行に伴う四半期決算や内部統制に関する報告の義務化があると考えられる。

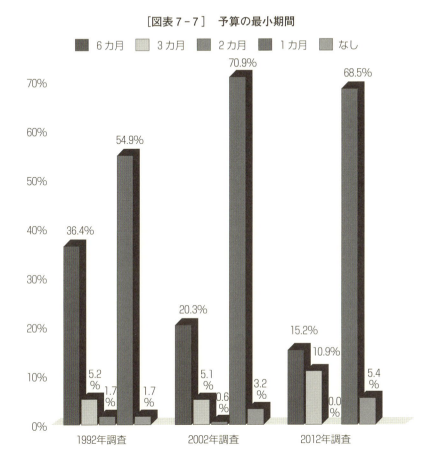

[図表7-7] 予算の最小期間

2 予算編成

　通常，実行計画としての予算を編成するにあたってまず予算編成方針が策定される。この予算における経営者の基本方針である予算編成方針はどのようなプロセスで策定されているのであろうか。その調査結果は**図表7-8**のとおりである。

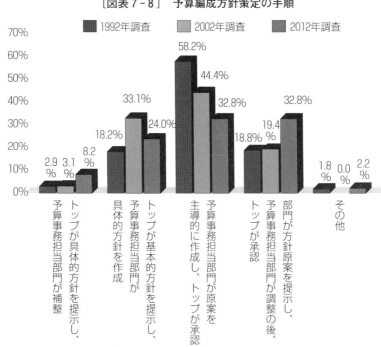

[図表7-8] 予算編成方針策定の手順

　1992年調査では約6割（58.2%）の企業が予算編成方針について「予算事務担当部門が原案を主導的に作成し，トップが承認」と答えていたが，その回答が徐々に減少し，今回の調査では，トップが主導する企業（32.2%），予算事務担当部門が主導する企業（32.8%），部門が主導する企業（32.8%）がそれぞれ33%前後であり，ほぼ三分されている。その中でも，部門が主導している企業が2002年調査と比較して本調査では13.4ポイント増加し，32.8%となっていることが目につく。

　それでは次に，予算編成方針において重視されるものについて，予算編成の目的，予算原案作成上の基本目標と併せてみることにしよう。

　図表7-9で明らかなように，予算編成の目的として3回の調査ともに最も多くの企業が挙げているのが「所要の収益性の実現」であり，1992年調査で

第7章 バブル崩壊以降の企業予算制度の動向 | 157

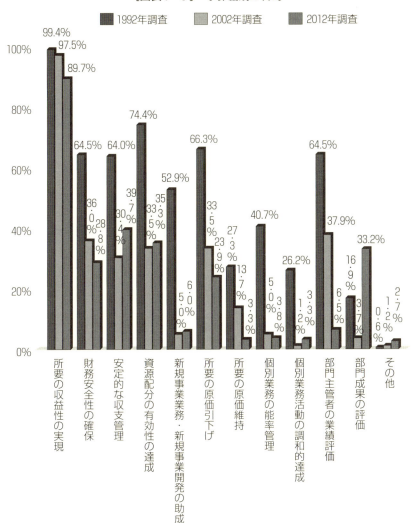

[図表7-9] 予算編成の目的

99.4％，2002年調査で97.5％，本調査で89.7％の企業がそのように回答している。また，**図表7-10**で明らかなように，予算編成方針において重視されるものとして最も多くの企業が回答しているのが「全社的収益目標または利益目

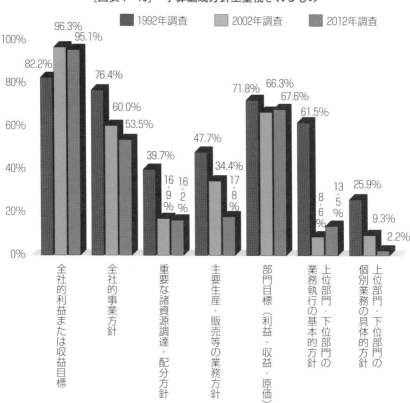

[図表7-10] 予算編成方針上重視されるもの

標」であり，1992年調査で82.2％，2002年調査で96.3％，本調査で95.1％の企業がそのように回答している。また，「部門目標（利益・収益・原価）」も多くの企業が挙げている。さらに，**図表7-11**をみると，予算原案作成上の部門の基本的目標として「売上高」がトップを占め，1992年調査で93.5％，2002年調査で76.7％，本調査で75.5％の企業がそのように回答している。つまり，3回の調査を通じて，予算編成の目的，予算編成方針上重視されるもの，および予算原案作成上の部門の基本的目標として重視しているのが「収益性」であることがわかる。

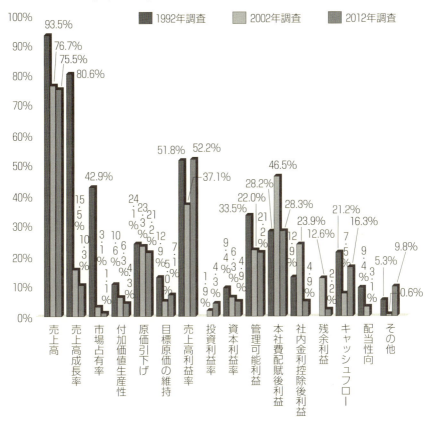

[図表7-11] 予算原案作成上の部門の基本的目標

　他方で，予算編成の目的について，「所要の収益性の実現」以外は，本調査において激増している「部門成果の評価」を除いてその他のすべての目的が1992年調査と比べて，本調査では減少している。とりわけ，「部門主管者の業績評価」は「部門成果の評価」と対照的に3回の調査ともに激減しているのが目につく。予算編成方針上重視するものにおいても，上記の収益性指標以外の「全社的事業方針」などすべて1992年調査と比べて大きく減少している。

　また，予算原案作成上の部門の基本的目標においては，「売上高成長率」と「市場占有率」を挙げる企業は2002年調査で激減している。このような成長性

や拡張路線を示す指標が2002年調査で激減したのは1970年代のオイルショックを境に高度経済成長期が終焉し，さらに「バブル」が弾けた，いわゆる「失われた10年」といわれている厳しい経営環境の1つの表れであろう。また，資本効率を示すといわれる「残余利益」「投資利益率」「資本利益率」の数値も低い。日本においては資本効率を重視している企業はいまだ一般的でないようである。

　次に，予算編成における部門の参加程度についてみることにしよう。予算を効果的にするには，各組織構成員に対する動機づけが必要であり，予算編成プロセスへの参加はこの動機づけを高めることに機能するからである。

　上掲の図表7-8でみたように，部門が予算編成方針の原案を提示する企業が増えたのは今回の調査であったが，この参加の程度について，図表7-12で明らかなように，「当該部門の目標・方針の設定」「当該部門の予算原案作成」に部門が参加している（「5」「6」「7」）と答えている企業は1992年調査以降一貫して多い。しかも，今回の調査では，図表7-13で明らかなように，参加に積極的な7ないし6と回答している企業が多く，その積極度が高いことが窺える。これらは前2回の調査にも同様の傾向がみられ，ここに日本においては参加型予算が重視されている傾向がみえる。

　他方で，「全社的目標・方針の設定」への参加は逓減している。「全社的目標・方針の設定」は組織構成員の動機づけというよりは，トップマネジメントの果たすべき機能であり，トップマネジメントの強いリーダーシップが現在は必要とされているからであろうか。ちなみに，1992年調査，2002年調査においては「予算原案の作成」と「予算原案の修正」を別々に質問していたが，本調査ではそれらをまとめて「予算原案の作成・修正」という項目で尋ねており，その結果が，「当該部門の予算原案の作成」の本調査の86.3％という数値である。また，「本社費予算原案の作成」と「本社費予算原案の修正」は本調査では尋ねていない。

　総合予算を編成するためには，部門予算が重要である。そこで次に，部門予算案の作成に関連した項目についてみてみよう。

第 7 章 バブル崩壊以降の企業予算制度の動向

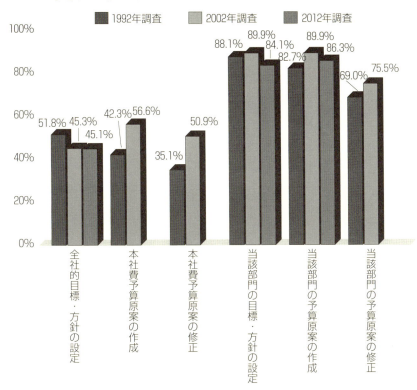

[図表 7-12] 予算編成における部門の参加（積極的参加度合い）

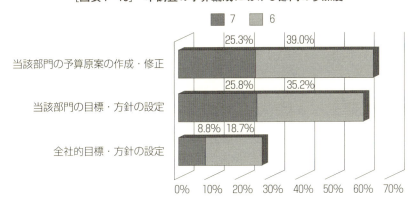

[図表 7-13] 本調査の予算編成における部門の参加度

注：1 が「まったく消極的」で，7 が「きわめて積極的」の 7 点尺度。

予算の達成に向けて動機づけられるためには部門予算と業績評価基準の強い関連が必要であると考え，まず部門予算の基本的目標と業績評価基準について質問している。その結果が**図表7-14**である。

調査結果をみると，部門予算での基本的目標を業績評価基準としている企業は若干ではあるが一貫して増加しており，今回の調査では約8割（79.1％）の企業が評価基準としている。基準としている企業に増加傾向がみられるということは動機づけのためには望ましい傾向である。また，上述の予算編成において重視する目的として「部門成果の評価」を挙げる企業が増加していることと符合している。

他方で，本調査では2割程度（20.9％）の企業は基準としていない。これは，第4章で述べたとおり，売上高などの基本的目標の設定が可能である部門もあれば，管理部門などのように容易に設定できない部門があるといったことが考えられるが，今後の検討課題である。

[図表7-14] 部門予算での基本的目標と業績評価基準の関係

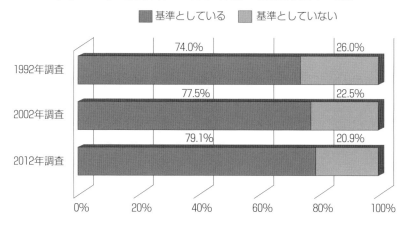

次に，部門予算原案を作成する場合の手順についてみてみよう。その結果は**図表7-15**のとおりである。

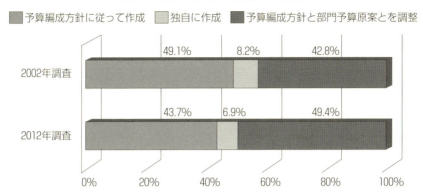

[図表7-15] 部門予算原案の作成手順

調査結果をみると，本調査では，部門予算原案を「独自に作成」している企業はわずか6.9%にすぎなく，43.7%の企業が「予算編成方針に従う」かたちで部門予算原案を作成し，49.4%の企業が「予算編成方針と部門予算原案とを調整」して作成していることがわかる。傾向としては，部門予算原案の作成においては，基本的に予算編成方針に従い，部門予算原案と調整しながら作成している企業が増えているといえる。

それでは，予算編成上，および予算修正上，どのような障害があるのか。

その調査結果は図表7-16と図表7-17のとおりである。予算編成上，予算修正上のどちらにおいても重要な障害として「環境変化予測の困難性」を最も多くの企業が挙げている。本調査に限れば，その他の項目はすべて3割にも満たない。

とはいえ，予算編成上の重大な障害についてみると，本調査では，27.7%の企業が「予算編成の意義への認識の欠如」と「編成の要費・手数」を挙げている。前者については，1992年調査，2002年調査と比較して減少しているとはいえ，依然として約3割の企業がこの項目を挙げており，予算教育の必要性があると考えられる。

また，予算修正上の重大な障害では，多くの企業が「修正期間決断の困難

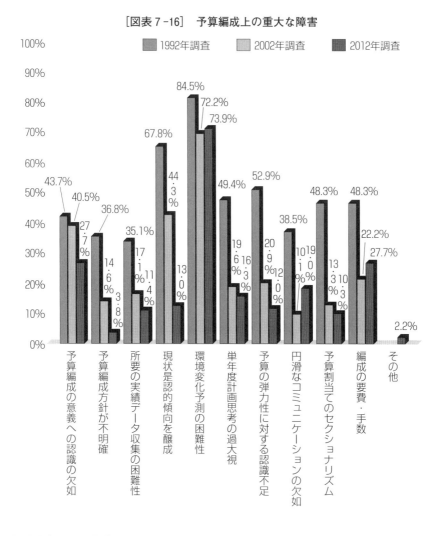

[図表7-16] 予算編成上の重大な障害

性」「修正に伴う費用・手数」を挙げているが，これらも逓減している。さらに，予算編成上の「所要の実績データ収集の困難性」，予算修正上の「所要の実績データ収集の困難性」についても逓減している。後者の3つについてはERP導入の効果の1つとみていいのではないか。というのは，**図表7-18**をみると，前回の調査と比較してERPの導入（27.7％から41.8％へと，14.1ポイント

第7章 バブル崩壊以降の企業予算制度の動向 | 165

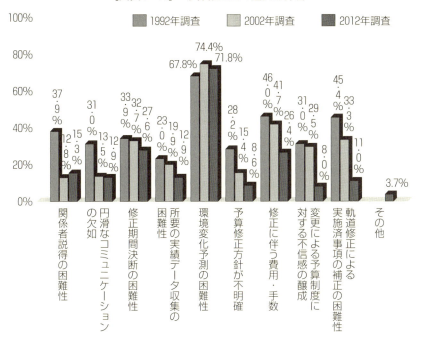

[図表7-17] 予算修正上の重大な障害

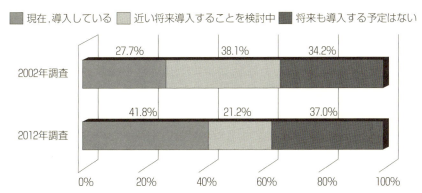

[図表7-18] ERPの導入状況

増)が進んでいること,また,その活用状況について,**図表7-19**において明らかなように,63.2%の企業が「予算編成に活用」を挙げていること,さらには,**図表7-20**の「ERP導入による予算管理上のメリット」において,「差異分析の原因解明に要する時間の減少」に次いで「予算の点検・修正の行いやすさ」を多くの企業(45.2%)が挙げていることから,「修正に伴う費用・手数」「所要の実績データ収集の困難性」を重大な障害に挙げる企業が減少した要因の1つとしてERP導入の効果があるといえるのではないか。

　上述のように,予算編成上の重大な障害として「環境変化予測の困難性」を最も多くの企業が挙げている。そのような状況のもとで予算が編成されているとすれば,その前提となる環境の諸条件が予算期間中に著しく変化する場合には,その達成目標としての機能,業績評価基準としての意味は失われるであろう。このような事態を避けるためには,予算の運用において弾力性を与えることが不可欠である。そこで次に,予算の弾力性保持のための施策についてみることにしよう。その結果は**図表7-21**のとおりである。

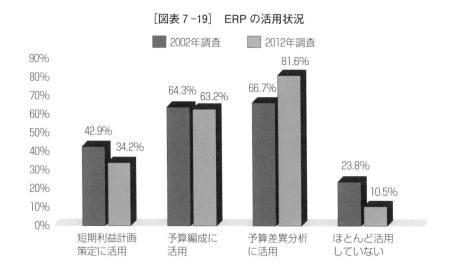

[図表7-19]　ERPの活用状況

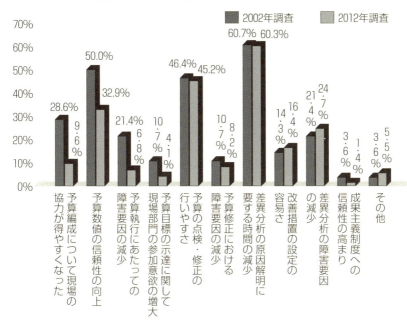

[図表7-20] ERP導入による予算管理上のメリット

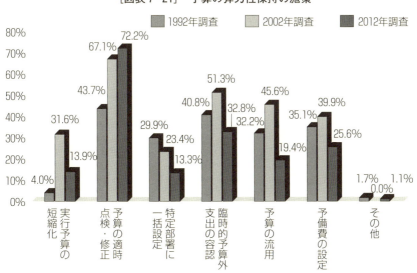

[図表7-21] 予算の弾力性保持の施策

3回の調査を通じて最も多くの企業（72.2%）が挙げているのが「予算の適時点検・修正」であり、しかも逓増している。これも ERP の導入の増加がその要因の1つとして考えられる。

他方で、「予算の適時点検・修正」以外は2002年調査と比較して減少している。そのうちの「実行予算の短縮化」は17.7ポイント減少している。これは予算の最小単位を1カ月とする企業が増加したことによるものと考えられる。

3 予算統制

予算が編成されると、それが意図したとおりに経営活動が達成できたかをコントロールする必要がある。このように、予算に基づいて経営活動をコントロールするプロセスを予算統制という。予算統制には、予算を編成する段階における事前統制、経営活動中の日常的な期中統制、そして経営活動を実施した後の段階における事後統制があり、この事後統制において中心的な役割を果たす手続が予算実績差異分析である。そこで本節では、予算実績差異分析について、その動向を探ることにしたい。

まずは、その実施頻度についてみると、調査結果は図表7-22のとおりである。

図表7-22が示すように、「毎月」が、1992年調査と比較して、2002年調査では26.3ポイント増加し、回答企業の9割強（90.7%）が「毎月」予算実績差異分析を実施している。本調査においても若干減少しているとはいえ、9割に近い企業（86.4%）が「毎月」実施している。他方で、1992年調査と比較して、「3カ月」「6カ月ごと」「1年ごと」が2002年調査において激減し、本調査でも2002年調査とほぼ変わらない。このことから2002年調査から実施頻度がかなり高まったということができる。このことについては1つには、第5章で述べたように、情報システムの導入により予算実績差異分析業務に要する時間が短縮されたことが考えられる[6]。また、予算の最小期間を「1カ月」と答えた企業が2002年調査において急増していることも連動していると考えられる。ちなみ

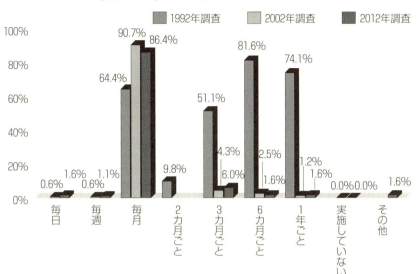

[図表 7 -22] 予算実績差異分析の実施頻度

に，2002年調査，本調査では，「毎月」以外に回答した企業が1992年調査と比較して極端に少ないのは1992年調査が複数回答によっているからであり，このことが調査結果に大きく影響を与えていると思われる。

次に，予算実績差異分析の結果の利用目的についてみることにしよう。その調査結果は**図表 7 -23**のとおりである。

3 回の調査とも「改善措置」と答えている企業が最も多く，とくに1992年調査と比較して，2002年調査において15.8ポイント増加し，本調査では3.0ポイント減少したとはいえ76.5％の企業が挙げている。予算実績差異分析は予算による経営活動のコントロールを適切に行うためのプロセスであり，その実施によりいかなる点に改善措置を講ずることが必要になるかが明らかになる。そのために，「改善措置」を予算実績差異分析の主目的に位置づけていると考えられる。

他方で，「部門成果評価」と「部門主管者業績評価」は前回の調査から激減している。その原因を探ると，たとえば，後述の予算実績差異分析の利用上の

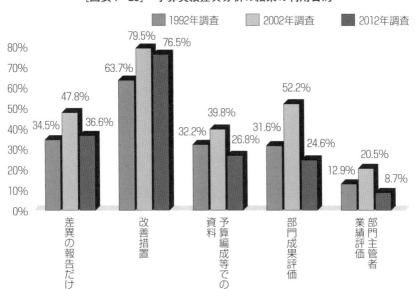

[図表7-23] 予算実績差異分析の結果の利用目的

問題点を「予算数値の信頼性が希薄」であると回答した企業54社のうち，第5章でみたように，予算実績差異分析の結果の利用目的として「部門成果評価」を挙げなかった企業が74.1％（54社中40社），「部門主管者業績評価」を挙げなかった企業が88.9％（同48社）あり，「予算数値の信頼性が希薄」であると回答した企業の多くが「部門成果評価」「部門主管者業績評価」に差異分析の結果を利用していないことがわかる。つまり，予算を部門（組織）や部門主管者（個人）の業績評価，とくに後者の業績評価には積極的に活用していないということであり，このことは上記の予算編成の目的において「部門主管者の業績評価」と回答した企業が激減していることと符合している。

また，「差異の報告だけ」と回答した，つまり利用に消極的な企業は前回より11.2ポイント減少したとはいえ，まだ36.6％ある。日本の企業は差異分析の結果の利用に関して積極的であるとはいえない企業が多いということであり，これらの点については今後の調査の参考としたい。

第7章　バブル崩壊以降の企業予算制度の動向 | 171

　それでは，それほど多くないが，予算実績差異分析の結果を「部門成果評価」および「部門主管者業績評価」に利用すると回答した企業について，どのように利用しているかについてみてみよう。その調査結果が**図表7-24**と**図表7-25**である。

　これらの結果から，「部門成果評価」「部門主管者業績評価」に利用すると回答した企業のどちらも「賞与」への反映の程度が，他の「昇給」「昇進」およ

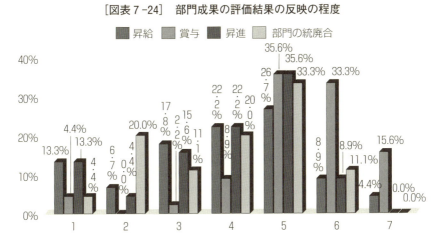

[図表7-24]　部門成果の評価結果の反映の程度

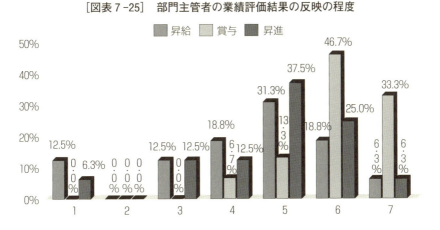

[図表7-25]　部門主管者の業績評価結果の反映の程度

び「部門の統廃合」と比較して高いことがわかる。ちなみに,「1」を「まったく反映していない」,「7」を「きわめて反映している」の7点尺度で尋ねている。

　先に予算実績差異分析の結果の利用目的について検討したさいに,「差異の報告だけ」と回答した,あまり結果の利用に積極的でない企業が日本には多くみられた状況が明らかになったが,その原因を探るために予算実績差異分析を利用するうえでの問題点について,次にみることにしよう。

　図表7-26から明らかなように,過去2回の調査と同様,本調査においても,最も多かった回答が「改善措置の実施の困難性」である。ただし,2002年調査と本調査を比較すると,「改善措置の実施の困難性」と回答した企業が17.6ポイント減少し,37.9％である。このことから,この10年の間に予算実績差異分析の結果の利用目的として最も多くの企業が挙げている「改善措置」の実施が少し容易になったということができ良い傾向といえる。

　逆に,本調査において2番目に多かった「差異の原因解明の困難性」という回答は3回の調査を通じて一貫して増加している。差異の発生原因を解明することは予算実績差異分析の中心的手続であるにもかかわらず,この20年間逓増していることは深刻な問題である。

　また,「予算数値の信頼性が希薄」という回答は2002年調査と比較して,ERPの導入が進んだことや,ERPを「予算差異分析に活用」と回答した企業が多いということから減少しているが,それでも依然として多くの企業(29.7％)が挙げている。その原因を探るために,予算編成上の重大な障害との関係についてクロス分析した結果,第5章でみたように,「予算数値の信頼性が希薄」と回答した企業のうち,予算編成上の重大な障害として「環境変化予測の困難性」と回答した企業が32.0％(128社中41社),「予算編成の意義に対する認識の欠如」と回答した企業が14.1％(同18社)あった。このことから,原因としては将来の予測がますます困難となった現在の経営環境や,予算に関する教育が十分に行われていないということが考えられる。予算教育の必要性がここにもみられる。

第7章 バブル崩壊以降の企業予算制度の動向 | 173

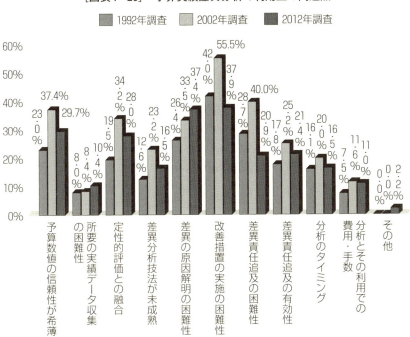

[図表7-26] 予算実績差異分析の利用上の問題点

4 予算制度の満足度と今後の展望

　以上のように，予算実績差異分析には多くの問題点があるが，それでは，現在の予算制度にたいして企業はどの程度満足しているのであろうか。その調査結果は**図表7-27**のとおりである。

　1992年調査においては7割強（70.3%）の企業が満足していたのに対して，2002年調査では3割弱（28.1%）へと激減し，本調査においてもその割合（31.1%）は前回とあまり変わっていない。他方で，不満を持っている企業は1992年調査では数％に過ぎなかったのが，2002年調査では25.0%に増加し，本調査ではさらに増加して，29.0%の企業が不満を抱いている。つまり，1992年

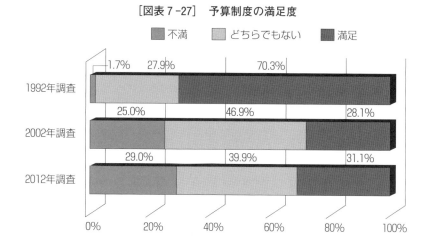

[図表7-27] 予算制度の満足度

調査と比較すると，明らかに満足している企業が減少し，満足していない企業が増加している。上述のように，予算編成上，および予算修正上の重大な障害として「編成の要費・手数」「予算編成の意義に対する認識の欠如」「修正時期決断の困難性」「修正に伴う費用・手数」などを，予算実績差異分析結果の利用上の問題として「改善措置の実施の困難性」「予算数値の信頼性が希薄」「差異責任追及の困難性」などを挙げている企業が減少しているにもかかわらず，満足していない企業が増加しているのはなぜなのか，さらに研究が必要であり，今後の課題としたい。

　それでは，今後，企業はどのような機能を予算制度にたいして重視するのであろうか。その調査結果は図表7-28のとおりである。

　本調査において回答が多かった項目は，上位から順に「全社的目標・方針の形成の助成」「個別経営計画の実効化」「大綱的経営計画の実効化」であり，この3つの項目は1992年調査，2002年調査においても「極めて重視」と回答した企業が多かった項目である。これらは予算制度の計画機能に関するものである。しかも，「全社的目標・方針の形成の助成」は3回の調査を通じて一貫して増加している。また，本調査で4番目に多かったのは「部門，職能，課題間の業

第7章　バブル崩壊以降の企業予算制度の動向　175

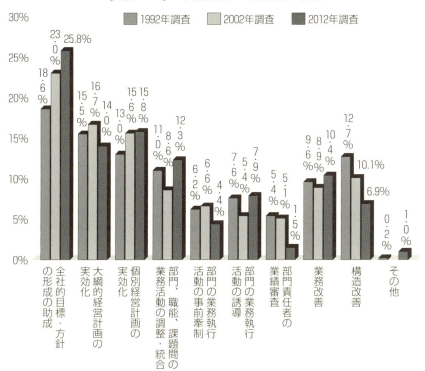

[図表7-28]　今後重視する予算制度の機能

務活動の調整・統合」という調整機能である。

　他方で，予算制度の統制機能に関する「部門責任者の業績審査」は本調査において激減している。予算には計画機能，調整機能，統制機能があり，調整機能がその中心的な機能を果たしているといわれることがあるが，この調査結果からは計画機能が今後も含めて重視され続けていることがわかる。

　上述のように，現状の予算制度に対する満足度はあまり高くなかった。では，予算制度の有効性を高める方策について，企業はどのように考えているのか。その調査結果が図表7-29である。

　本調査において最も回答が多かった項目は「基本目標・方針の明確化」であり，1992年調査でも同じく最も多くの企業が挙げており，2002年調査でも2番

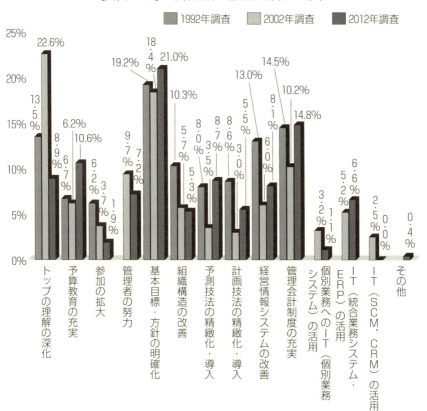

[図表7-29] 予算制度の有効性を高める方策

目に多かった。これは上記の今後重視する機能という質問において「全社的目標・方針の形成の助成」と回答していた企業が最も多かったのと符合している。

また，本調査において2番目に多かった回答は「管理会計制度の充実」であり，3番目に多くの企業が挙げたのが「予算教育の充実」である。管理会計教育・予算教育の必要性・重要性が高いといえる。

おわりに

　最後に，3回の調査結果からこの20年間に共通していること，変化したことをまとめてみたい。

(1) 予算制度の基礎的事項に関して

① この20年間にわたりほとんどの企業に企業予算制度が設けられている。したがって，今回の調査結果からは脱予算経営・脱予算管理への大きな動きはみられない。

② 予算委員会については，予算委員会の形式はとっていなくとも，依然として何らかの機関が予算委員会の機能を担っている企業がこの20年間変わらず多くみられた。

③ 1992年調査と比較して，2002年調査において長期経営計画を策定している企業が激減し，中期経営計画を策定している企業が増加している。現在では，長期経営計画を策定している企業は2割弱であり，他方で9割近い企業が中期経営計画を策定している。

④ 短期利益計画を策定している企業は今回の調査において9ポイントほど減少し7割弱であり，逓減傾向にある。

⑤ 予算を「中長期経営計画とは別個に編成」あるいは「短期利益計画とは別個に編成」している企業は少なく，両者はかなり高い割合で関連している。

⑥ 予算と中長期経営計画との関連では，中長期経営計画を「予算編成の基礎」としている企業が最も多く，次いで多いのが中長期経営計画の「初年度分を予算」としている企業であり，一貫して増加している。つまり，ローリング方式を採用している企業が増加しているといえる。

⑦ 予算と短期利益計画との関連では，短期利益計画を「予算の一環」としている企業がこの20年間一貫して増加し，今回の調査ではほぼ6割に達し

ている。短期利益計画に基づいて予算を編成するという，つまり短期利益計画と予算とを区分する見解の企業は減少している。
⑧　予算期間の基本単位を「１年」と答えた企業が一貫して増加し，年度単位の予算編成を重視する傾向がみられる。
⑨　予算の最小期間を「１カ月」と答えた企業が2002年調査で大幅に増加し，また「３カ月」と答えた企業は本調査で増加している。前者については経営環境の変化が激しい中，予算は年度で編成しているが，その進捗状況を適時に評価できるように，「１カ月」と回答した企業が多いものと思われる。また後者の「３カ月」と答えた企業はその背景に2008年の金融商品取引法の施行があるように思われる。他方で，「６カ月」と答えた企業が逓減している。

(2) 予算編成

①　予算編成方針策定の手順は，部門が主導している企業がこの20年間でほぼ倍増し，トップが主導する企業，予算事務担当部門が主導する企業の３者でほぼ三分する形になってきた。また，予算編成への部門の参加度合いも増加してきている。
②　３回の調査とも，予算編成の目的として最も多くの企業が挙げたのは「所要の収益性の実現」であり，また予算編成方針上最も重視されるものは「全社的利益または収益目標」であり，さらに予算原案作成上の部門の基本的目標として「売上高」を最も多くの企業が挙げている。つまり，「収益性」が最も重視されているといえる。
③　予算原案作成上の部門の基本的目標として「売上高成長率」「市場占有率」のような成長性，拡張路線を示す指標は激減し，また，資本効率を示す指標である「投資利益率」「資本利益率」「残余利益」を挙げた企業も少なかった。
④　３回の調査ともに予算編成上の重大な障害として最も多くの企業が挙げていたのが「環境変化予測の困難性」であり，これは予算修正上の重大な

障害においても最も多くの企業に挙げられていた。他方で,「編成要費・手数」については,1992年調査と比較すると,ほぼ半減している。
⑤　多くの企業が点検,修正を実施し,しかも定期的に点検,修正している企業が多いが,他方で,環境の変化に柔軟に対応しようとしているのか,「実績との著しい差異が生じる前」に点検,修正する企業が増加している。また,「1カ月ごとに点検・修正」する企業が本調査で激減しているが,これは同調査において予算の最小期間が「1カ月」の企業が7割弱あることと符合している。
⑥　当初予算の点検,修正上の重大な障害として最も多くの企業が挙げていたのは,「環境変化予測の困難性」である。また,「修正に伴う費用・手数」については,1992年調査と比較して半減している。
⑦　予算の弾力性保持の施策として最も多くの企業が挙げているのは「予算の適時点検・修正」であり,他方で,「予算の流用」「臨時的予算外支出の容認」が本調査において激減している。これらのことはERP導入企業の増加やERP導入のメリットとして「予算数値の信頼性の向上」を多くの企業が挙げていることと符合している。

(3)　予算実績差異分析

①　1992年調査と2002年調査とでは,10年間で予算実績差異分析の実施頻度「毎月」の企業がかなり多くなったが,2002年調査と本調査とでは,予算実績差異分析の実施頻度に大きな違いはみられなかった。
②　予算実績差異分析の結果の利用目的について,過去2回の調査と同様,本調査においても「改善措置」と回答した企業が最も多かった。一方,「部門成果評価」および「部門主管者業績評価」ともに,過去2回の調査と比較して,これを重視する企業は減少しており,特に2002年調査と比較して本調査では大幅に減少している。業績評価の結果は主に「賞与」に反映している。
③　予算実績差異分析結果の利用上の問題点について,過去2回の調査と同

様，本調査においても，最も多かった回答が「改善措置の実施の困難性」であった。とはいえ，2002年調査と本調査を比較すると，「改善措置の実施の困難性」と回答した企業が大幅に減少している。

(4) 予算制度の現状認識と改善策

① 予算制度の満足度について，3割程度の企業が現在の予算制度に満足しているものの，同じく3割程度の企業が現在の予算制度に満足していない。

② 今後重視する予算制度の機能について，過去2回の調査と同様，本調査においても，回答が多かった項目は，上位から順に「全社的目標・方針の形成の助成」「個別的経営計画の実効化」「大綱的経営計画の実効化」であった。この3項目は，予算制度の計画機能に関するものである。一方，予算制度の統制機能に関する「部門責任者の業績審査」は，これを重視すると回答した企業が調査ごとに顕著に減少している。

③ 予算制度の有効性を高める方策として今回の調査で最も多くの企業が挙げていたのが「基本目標・方針の明確化」であり，次いで「管理会計制度の充実」「予算教育の充実」を挙げている。管理会計教育の必要性が窺える。

(5) 情報システム

① ERP（統合業務システム）の導入状況について，2002年調査と本調査を比較すると，「現在，導入している」と回答した企業は増加している。一方，本調査と2002年調査のいずれにおいても，三分の一を超える企業が「将来も導入する予定はない」と回答している。

② ERPの活用状況について，本調査，2002年調査ともに，「予算差異分析に活用」と回答した企業が最も多かった。また，ERPの導入によって得られた予算管理上のメリットについて，本調査，2002年調査ともに，最も多い回答が「差異分析の原因解明に要する時間の減少」であった。

⑹ ABC，ABM，ABB および BSC

① ABC，ABM，ABB および BSC といった新たな管理会計技法を「現在，導入している」と回答した企業は非常に少ない。また，約9割の企業が「将来も導入する予定はない」と回答している。
② BSC を予算に反映させている企業が6割弱ある。

⑺ 連結経営

① 本調査では7割を超える企業が，また2002年調査では6割を超える企業が，連結ベースのグループ予算と短期利益計画を「作成している」と回答している。一方，本調査と2002年調査のいずれにおいても，連結ベースのCF計画については，「作成している」と回答した企業は約4割にすぎない。

　1992年調査が実施されたのはバブルが弾けた直後であり，2002年調査は「失われた10年」という言葉で表現されているように，経済が低迷していた中で実施された。そして，本調査は長い不況から脱け出そうとしている時期に実施された。この20年間に企業の経営環境はますます厳しくなり，将来への不透明感が増してきたのも事実である。その結果，本調査で明らかになったように，長期経営計画を策定する企業が減少し，中期経営計画を策定する企業が増えている。
　しかしながら，このような長期的な展望が読めない時代であるからこそ，トップマネジメントは将来の長期的な展望，ビジョンを描き，それを長期経営計画の中に反映させることが求められているのではないだろうか。またそれを受けて，ミドル，ロワーマネジメントは中期経営計画，短期利益計画を策定し，その実現を図るために短期利益計画に基づいて具体的な実行計画としての有効な予算を効果的に編成し，その予算のもとに経営活動を営むことがますます必要なのではないだろうか。
　そのためには，1つはIT化を積極的に推進しビッグデータなどを活用する

ことにより予算原案作成上で示達される環境条件的事項で最も重視された「一般経済情勢」「主要製品の販売予測」「業界動向」などに関する情報や，予算編成上・予算修正上の重大な障害として最も多くの企業が挙げた「環境変化予測の困難性」などの問題を克服するために必要な情報を収集して有効な予算を編成し，それを効果的に活用する道を探ることが必要と考えられる。

また他方で，予算などの伝統的な管理会計技法や，戦略の策定，実行，評価に有用であるといわれるBSCなどの新たな管理会計技法に精通した有為な人財を育成することも重要であろう。

[注]
(1) 一般財団法人産業経理協会からの委嘱を受け，「企業予算制度」調査研究委員会（委員長　﨑　章浩）が平成24（2012）年11月に実施した。一般財団法人産業経理協会（2016）を参照されたい。
(2) 安達（1992），および坂口（1993）を参照されたい。
(3) 日本管理会計学会・予算管理専門委員会（2005）を参照されたい。
(4) これまでの章でみてきたように，3回の調査において質問の内容，回答選択肢，質問の方法等が異なる場合があり，詳細については各章を参照されたい。
(5) 本調査では，企業予算制度を「企業の総合的観点から，将来の一定期間（1年以内）における予算を編成し，これを手段として日々の各部門の諸活動を指導・調整し，かつ統制する，計数による総合的な経営管理手法であり，企業の利益管理の具体的手段である」と定義している。
(6) 2002年調査において，ERPの導入前後で，予算実績差異分析業務に要する期間が平均10.6日から8.5日へと2.1日短縮されていることが明らかにされている（長屋他，2004，117頁）。

付録1 わが国企業予算制度についてのアンケート調査／項目

【お願い】 1 〔IX〕（連結経営）以外は，個別企業のデータでお答えください。
2 2011年10月から2012年9月までの期間にむかえた決算に基づいた数値でお答えください。
3 年間の数値でお答えください。

〔I〕 貴社の概要に関する以下の質問について，具体的な語句・数値を回答欄にご記入ください。また，選択項目については該当する番号を○で囲んでください。

会　社　名	
ご記入者の職名 および 氏　　名	（職名）　　　　　部　　　　　課　　　（職位） （氏名）
連　絡　先	（電話） （E-mail）
主たる業種 （東洋経済新報社 「会社四季報」の 業種分類による）	1. 水産・農林 2. 鉱　　業 3. 建　　設 4. 食料品 5. 繊維製品 6. パルプ・紙 7. 化　　学 8. 医薬品 9. 石油・石炭 10. ゴム製品 11. ガラス・土石製品 12. 鉄　　鋼 13. 非鉄金属 14. 金属製品 15. 機　　械 16. 電気機器 17. 輸送用機器 18. 精密機器 19. その他製造 20. 卸　売　業 21. 小　売　業 22. 銀　　行 23. その他金融 24. 証券・商品先物 25. 保　　険 26. 不　動　産 27. 陸　　運 28. 海　　運 29. 空　　運 30. 倉庫・運輸 31. 通　　信 32. 電力・ガス 33. サービス
売　上　高	百万円 　総資産額 　　　　　　百万円
総　人　員	人 　資本金額 　　　　　　百万円
決　　算 （複数回答可）	1. 月次　　2. 四半期　　3. 半期　　4. 年次
組織形態 （複数回答可）	1. 事業部（本部）制組織　2. 職能別組織　3. マトリックス組織^{（注）} 4. カンパニー制（①本社　②分社）　5. 持株会社制（①持株会社　②事業会社） 6. その他（　　　　　　　　　　　　　　　　　　　　　　　） （注）縦軸に職能別組織，横軸に事業部制組織（あるいはプロジェクト組織）を組み合わせた組織。
業務形態 （製造業のみ）	1. 個別受注生産主体　2. 見込生産主体　3. 前2者の併用 4. その他（　　　　　　　　　　　　　　　　　　　　　　　）

〔Ⅱ〕 貴社の予算制度の基礎的事項に関する以下の質問について，該当する番号を○で囲んでください。また，必要な箇所については具体的な数字等をご回答ください。

1　企業予算制度^(注)の有無についてお答えください。
　1．企業予算制度あり　　2．企業予算制度なし
　3．企業予算制度はあったが，（　　）年前に中止した。
　「2」または「3」と回答された方は，企業予算制度に代わる具体的な方法をご記入ください。
　　　→（　　　　　　　　　　　　　　　　　　　　　　　　　　　　　　）
　　(注)　本調査では，企業予算制度を，企業の総合的観点から，将来の一定期間（1年以内）における予算を編成し，これを手段として日々の各部門の諸活動を指導・調整し，かつ統制する，計数による総合的な経営管理手法であり，企業の利益管理の具体的手段である，と理解する。

2　予算委員会の有無について，次のうちいずれですか。
　1．設置している
　2．事実上，その機能を他の機関が担当している（例えば，経営会議）
　「2」と回答された方は，具体的な名称をご記入ください。→（　　　　　　　）
　3．同等機能を果たす機関を持っていない

3　長期経営計画（計画期間5年以上）についてお答えください。策定されている場合には計画期間をご記入ください。
　1．策定している（計画期間：　　年）　　2．策定していない

4　中期経営計画（計画期間1年超5年未満）についてお答えください。策定されている場合には計画期間をご記入ください。
　1．策定している（計画期間：　　年）
　2．策定していない ⇒【6にお進みください。】

5　予算と中長期経営計画との関連についてお答えください。
　1．中長期経営計画を予算編成の基礎としている（例えば，予算編成方針に反映している）
　2．中長期経営計画の初年度分を予算としている
　3．予算は中長期経営計画とは別個に編成している

6　短期利益計画（1年以内の期間の大綱的計画）についてお答えください。策定されている場合には計画期間をご記入ください。

1. 策定している（計画期間：　　カ月）
2. 策定していない ⇒【8にお進みください。】

7　予算と短期利益計画との関連についてお答えください。
1. 短期利益計画を予算編成の基礎としている（例えば，予算編成方針に反映している）
2. 短期利益計画を予算としている
3. 予算は短期利益計画とは別個に編成している

8　予算編成について，重視する目的を3つ以内で挙げてください。
1. 所要の収益性の実現　　2. 財務安全性の確保　　3. 安定的な収支管理
4. 資源（金，人，物等）の配分の有効性の達成
5. 新規事業業務・新規事業開発の助成　　6. 所要の原価引下げ
7. 所要の原価維持　　8. 個別業務の能率管理
9. 個別業務活動の調和的達成　　10. 部門主管者の業績評価
11. 部門成果の評価　　12. その他（具体的に：　　　　　　　　　　　　）

9　予算編成方針は策定されていますか。
1. 策定している　　2. 短期利益計画が実質上役割を代行している
3. 策定していない

10　予算期間の基本単位はいずれですか。
1. 1年　　2. 1年ではあるが実質6カ月　　3. 6カ月　　4. 3カ月
5. 2カ月　　6. 1カ月　　7. その他（具体的に：　　　　　　　　　）

11　予算の最小期間は何ヵ月ですか。
1. 6カ月　　2. 3カ月　　3. 2カ月　　4. 1カ月　　5. なし
6. その他（具体的に：　　　　　　　　　）

〔Ⅲ〕　貴社の予算編成に関する以下の質問について，該当する番号を○で囲んでください。

1　予算原案作成にあたり示達される環境条件等の事項について，重視するものを3つ以内で挙げてください。
1. 一般経済情勢（景気動向，為替レート等）　　2. 業界動向（同業種の景気動向等）
3. 競争企業の動向（新規事業の動向等）　　4. 主要製品の販売予測

5. 所要諸資源の価格動向（人件費の変化等）　6. 主要な中長期投資動向
7. 重要な諸資源の需給動向（主要原材料の充足度等）
8. その他（具体的に：　　　　　　　　　　　　　　　　　　　）

2　予算編成方針について，重視するものを3つ以内で挙げてください。
  1. 全社的利益目標または収益目標　　2. 全社的事業方針
  3. 重要な諸資源の調達・配分方針　　4. 主要な生産・販売等の業務方針
  5. 部門の利益目標・収益目標・原価目標　　6. 部門の業務執行の基本的方針
  7. 部門の個別業務の具体的方針　　8. その他（具体的に：　　　　　　　）

3　予算編成方針策定の手順についてお答えください。
  1. トップが具体的方針を提示し，予算事務担当部門が補整している
  2. トップが基本的方針を提示し，予算事務担当部門が具体的方針を作成している
  3. 予算事務担当部門が原案を主導的に作成し，トップが承認している
  4. 部門が方針原案を提示し，予算事務担当部門が調整の後，トップが承認している
  5. その他（具体的に：　　　　　　　　　　　　　　　　　　　　　　　　）

4　予算編成における次の項目(1)～(3)について，部門の参加の程度をお答えください。
  (1) 全社的目標・方針の設定

  (2) 当該部門の目標・方針の設定

  (3) 当該部門の予算原案の作成・修正

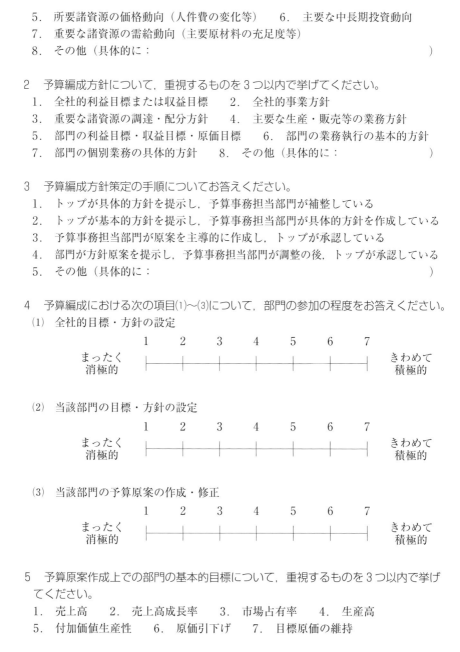

5　予算原案作成上での部門の基本的目標について，重視するものを3つ以内で挙げてください。
  1. 売上高　2. 売上高成長率　3. 市場占有率　4. 生産高
  5. 付加価値生産性　6. 原価引下げ　7. 目標原価の維持

8. 売上高利益率　9. 投資利益率（ROI）　10. 資本利益率（ROE）
11. 管理可能利益　12. 本社費配賦後利益　13. 社内金利控除後利益
14. 残余利益（資本コスト控除後利益，EVA®等）　15. キャッシュフロー
16. その他（具体的に：　　　　　　　　　　　　　　　　　　　）

6　部門予算での基本的目標と業績評価基準との一貫性についてお答えください。
　1. 基本的目標を業績評価基準としている
　2. 基本的目標を業績評価基準としていない

7　各部門で部門予算原案を作成していますか。
　1. 作成している
　2. 作成していない（トップダウン方式）⇒【9にお進みください。】

8　各部門で部門予算原案を作成する場合，その手続についてお答えください。
　1. 予算編成方針に従って作成している　　2. 独自に作成している
　3. 予算編成方針と部門予算原案とを調整の上，作成している

9　予算編成上，重大な障害と思うものを3つ以内で挙げてください。
　1. 予算編成の意義に対する認識の欠如　　2. 円滑なコミュニケーションの欠如
　3. 予算の規範性に対する認識不足　　4. 所要の実績データ収集の困難性
　5. 環境変化予測の困難性　　6. 予算編成方針が不明確
　7. 編成の要費・手数　　8. 単年度計画志向の過大視
　9. 予算割当てのセクショナリズム（力関係での跛行化）
　10. 予算の弾力性に対する認識不足（予算への意識変革の困難性）
　11. 現状是認的傾向を醸成（例えば，新規事業導入や業務改善の遅滞）
　12. その他（具体的に：　　　　　　　　　　　　　　　　　　　）

〔Ⅳ〕当初予算の点検，修正に関する以下の質問について，該当する番号を○で囲んでください。

1　当初予算の点検・修正についてお答えください。
　1. 1カ月ごとに点検・修正している　　2. 2カ月ごとに点検・修正している
　3. 3カ月ごとに点検・修正している　　4. 6カ月ごとに点検・修正している
　5. 予算と実績との著しい差異が生じると予測される時点で点検・修正している
　6. 実際に予算と実績との著しい差異が生じた時点で点検・修正している
　7. 原則として点検・修正はしていない　⇒【3にお進みください。】

2 予算修正上,重大な障害と思うものを3つ以内で挙げてください。
　1. 関係者説得の困難性　　2. 円滑なコミュニケーションの欠如
　3. 修正時期決断の困難性　4. 所要の実績データ収集の困難性
　5. 環境変化予測の困難性　6. 予算修正方針が不明確
　7. 修正に伴う費用・手数　8. 変更による予算制度に対する不信感の醸成
　9. 軌道修正による実施済(決定済)事項の補正の困難性(既定事項変更の硬直性)
　10. その他(具体的に:　　　　　　　　　　　　　　　　　　　　　　)

3 予算の弾力性保持のための採用施策について,重要なものを3つ以内で挙げてください。
　1. 実行予算の短期化　　2. 予算の適時点検・修正
　3. 特定費目を特定部署に一括設定　4. 一定限度の臨時的予算外支出の容認
　5. 一定条件での予算の流用　6. 予備費の設定
　7. その他(具体的に:　　　　　　　　　)

〔V〕予算実績差異分析に関する以下の質問について,該当する番号を○で囲んでください。

1 予算実績差異分析の実施頻度についてお答えください。
　1. 毎日　2. 毎週　3. 毎月　4. 3カ月ごと　5. 6カ月ごと
　6. 1年ごと　7. 実施していない　8. その他(具体的に:　　　　　　　　)

2 予算実績差異分析の結果の利用目的について,重要なものを3つ以内で挙げてください。
　1. 差異の報告だけ(注意喚起)　2. 改善措置　3. 予算編成等での資料
　4. 部門成果評価 ⇒【3にお進みください。】
　5. 部門主管者業績評価 ⇒【4にお進みください。】

3 部門成果の業績評価結果の昇給等への反映の程度についてお答えください。
　(1) 昇給

　　　　　　　　　　　1　2　3　4　5　6　7
　　　　まったく　　├─┼─┼─┼─┼─┼─┤　きわめて
　　　反映していない　　　　　　　　　　　　　　反映している

(2) 賞与

```
            1   2   3   4   5   6   7
  まったく   ├───┼───┼───┼───┼───┼───┤   きわめて
  反映していない                              反映している
```

(3) 昇進

```
            1   2   3   4   5   6   7
  まったく   ├───┼───┼───┼───┼───┼───┤   きわめて
  反映していない                              反映している
```

(4) 部門の統廃合

```
            1   2   3   4   5   6   7
  まったく   ├───┼───┼───┼───┼───┼───┤   きわめて
  反映していない                              反映している
```

4　部門主管者の業績評価結果の昇給等への反映の程度についてお答えください。

(1) 昇給

```
            1   2   3   4   5   6   7
  まったく   ├───┼───┼───┼───┼───┼───┤   きわめて
  反映していない                              反映している
```

(2) 賞与

```
            1   2   3   4   5   6   7
  まったく   ├───┼───┼───┼───┼───┼───┤   きわめて
  反映していない                              反映している
```

(3) 昇進

```
            1   2   3   4   5   6   7
  まったく   ├───┼───┼───┼───┼───┼───┤   きわめて
  反映していない                              反映している
```

5　予算実績差異分析結果の利用上の問題について，重視するものを3つ以内で挙げてください。
　1．予算数値の信頼性が希薄　　2．所要の実績データ収集の困難性
　3．定性的評価との融合　　　　4．差異分析技法が未成熟
　5．差異の原因解明の困難性　　6．改善措置の実施の困難性
　7．差異責任追及の困難性　　　8．差異責任追及の有効性

9. 分析のタイミング　　10. 分析とその利用での費用・手数
11. その他（具体的に：　　　　　　　　　　　　　　　　　　　）

〔Ⅵ〕貴社での予算制度の現状認識と改善策に関する以下の質問について，該当する番号を○で囲んでください。

1　現在の予算制度の満足度についてお答えください。

```
           1   2   3   4   5   6   7
まったく    ├───┼───┼───┼───┼───┼───┤    きわめて
満足していない                              満足している
```

2　予算制度の機能について，今後，重視するものを3つ以内で挙げてください。
　1．全社的目標・方針の形成の助成　　2．大綱的経営計画の実効化
　3．個別経営計画の実効化　　4．部門，職能，課題間の業務活動の調整・統合
　5．部門の業務執行活動の事前牽制　　6．部門の業務執行活動の誘導
　7．部門責任者の業績審査　　8．業務改善　　9．構造改善
　10．その他（具体的に：　　　　　　　　　　　　　　　　　　　）

3　予算制度の有効性を高める方策について，重要なものを3つ以内で挙げてください。
　1．トップの理解の深化　　2．予算教育の充実　　3．参加の拡大
　4．管理者の努力　　5．基本目標・方針の明確化　　6．組織構造の改善
　7．予測技法の精緻化・導入　　8．計画技法の精緻化・導入
　9．経営情報システムの改善　　10．管理会計制度の充実
　11．個別業務へのIT（個別業務システム）の活用
　12．IT（統合業務システム・ERP）の活用　　13．IT（SCM，CRM）の活用
　14．その他（具体的に：　　　　　　　　　　　　　　　　　）

〔Ⅶ〕貴社の情報システムの活用に関する以下の質問について，該当する番号を○で囲んでください。

1　統合業務システム（ERP）を導入していますか。
　1．現在，導入している　　2．近い将来に導入することを検討している
　3．将来も導入する予定はない　　4．導入していたが中止した
　　⇒【「2」「3」「4」と回答された方は，〔Ⅷ〕にお進みください。】

2 短期利益計画策定および予算管理にあたっての統合業務システム（ERP）の活用についてお答えください。（複数回答可）
　1. 短期利益計画策定に活用している　　2. 予算編成に活用している
　3. 予算実績差異分析に活用している
　4. 短期利益計画策定・予算管理に活用していない

3 統合業務システム（ERP）の導入によって得られた予算管理上のメリットとして，重視しているものを3つ以内で挙げてください。
　1. 予算編成について現場（部門）の協力が以前よりも得られやすくなった
　2. 以前よりも予算数値の信頼性が向上した
　3. 予算執行にあたっての障害要因が以前よりも減少した
　4. 予算目標の示達に関して現場部門の参加意欲（達成意欲）が増した
　5. 予算の点検・修正が以前よりも頻繁に行えるようになった
　6. 以前よりも予算修正における障害要因が減少した
　7. 以前よりも予算実績差異分析の原因解明に要する期間が減少した
　8. 予算実績差異分析の結果である改善処置の設定が以前よりも容易になった
　9. 以前よりも予算実績差異分析の障害要因が減少した
　10. 成果主義制度（業績評価制度）への信頼性が高まった
　11. その他（具体的に：　　　　　　　　　　　　　　　　　　　）

〔Ⅷ〕貴社の活動基準原価計算（ABC），活動基準管理（ABM），活動基準予算（ABB），バランスト・スコアカード（BSC）に関する以下の質問について，該当する番号を○で囲んでください。

1 ABCを導入していますか。
　1. 現在，導入している　　　　　2. 近い将来に導入することを検討している
　3. 将来も導入する予定はない　　4. 導入していたが中止した

2 ABMを導入していますか。
　1. 現在，導入している　　　　　2. 近い将来に導入することを検討している
　3. 将来も導入する予定はない　　4. 導入していたが中止した

3 ABBを導入していますか。
　1. 現在，導入している　　　　　2. 近い将来に導入することを検討している
　3. 将来も導入する予定はない　　4. 導入していたが中止した

4　BSC を導入していますか。
　　1．現在，導入している　　　　2．近い将来に導入することを検討している
　　3．将来も導入する予定はない　4．導入していたが中止した
　　⇒【「2」「3」「4」と回答された方は，〔Ⅸ〕にお進みください。】

5　BSC と予算制度との関係についてお答えください。
　　1．BSC を予算に反映させている　　2．BSC を予算に反映させていない

〔Ⅸ〕貴社の連結経営（連結ベースのグループ予算編成）に関する以下の質問について，該当する番号を○で囲んでください。

1　子会社・関連会社を含めた連結ベースのグループ予算を作成していますか。
　　1．現在，作成している　　　　2．近い将来に作成することを検討している
　　3．将来も作成する予定はない　4．作成していたが中止した

2　子会社・関連会社を含めた連結ベースの短期利益計画を作成していますか。
　　1．現在，作成している　　　　2．近い将来に作成することを検討している
　　3．将来も作成する予定はない　4．作成していたが中止した

3　子会社・関連会社を含めた連結ベースの CF 計画（見積キャッシュフロー計算書）を作成していますか。
　　1．現在，作成している　　　　2．近い将来に作成することを検討している
　　3．将来も作成する予定はない　4．作成していたが中止した

付録2　わが国企業予算制度についてのアンケート調査／単純集計結果

〔I〕　調査対象企業の概要
【業種】（有効回答数：179社）

水産・農林	鉱業	建設	食料品	繊維製品	パルプ・紙	化学	医薬品	石油・石炭	ゴム製品	ガラス・土石製品
0社	1社	14社	5社	2社	1社	19社	3社	3社	1社	4社
0.0%	0.6%	7.8%	2.8%	1.1%	0.6%	10.6%	1.7%	1.7%	0.6%	2.2%
鉄鋼	非鉄金属	金属製品	機械	電気機器	輸送用機器	精密機器	その他製造	卸売業	小売業	銀行
2社	6社	5社	8社	17社	7社	4社	7社	19社	9社	0社
1.1%	3.4%	2.8%	4.5%	9.5%	3.9%	2.2%	3.9%	10.6%	5.0%	0.0%
その他金融	証券・商品先物	保険	不動産	陸運	海運	空運	倉庫・運輸	通信	電力・ガス	サービス
4社	3社	3社	6社	4社	1社	0社	6社	3社	3社	10社
2.2%	1.7%	1.7%	2.8%	2.2%	0.6%	0.0%	3.4%	1.7%	1.7%	5.6%

【売上高】（有効回答数：175社）

1兆円以上	9千億円以上	8千億円以上	7千億円以上	6千億円以上	5千億円以上	4千億円以上	3千億円以上	2千億円以上	1千億円以上
18社	2社	0社	3社	4社	2社	4社	10社	10社	27社
10.3%	1.1%	0.0%	1.7%	2.3%	1.1%	2.3%	5.7%	5.7%	15.4%

900億円以上	800億円以上	700億円以上	600億円以上	500億円以上	400億円以上	300億円以上	200億円以上	100億円以上	100億円未満	平均
3社	5社	7社	5社	11社	7社	9社	15社	17社	16社	4,403億円
1.7%	2.9%	4.0%	2.9%	6.3%	4.0%	5.1%	8.6%	9.7%	9.1%	

【総資産額】（有効回答数：176社）

1兆円以上	9千億円以上	8千億円以上	7千億円以上	6千億円以上	5千億円以上	4千億円以上	3千億円以上	2千億円以上	1千億円以上
20社	0社	4社	2社	3社	3社	7社	9社	8社	21社
11.4%	0.0%	2.3%	1.1%	1.7%	1.7%	4.0%	5.1%	4.5%	11.9%

900億円以上	800億円以上	700億円以上	600億円以上	500億円以上	400億円以上	300億円以上	200億円以上	100億円以上	100億円未満	平均
6社	9社	6社	9社	8社	9社	12社	14社	14社	12社	6,648億円
3.4%	5.1%	3.4%	5.1%	4.5%	5.1%	6.8%	8.0%	8.0%	6.8%	

【資本金額】（有効回答数：178社）

1千億円以上	900億円以上	800億円以上	700億円以上	600億円以上	500億円以上	400億円以上	300億円以上
17社	1社	1社	2社	4社	2社	6社	8社
9.6%	0.6%	0.6%	1.1%	2.2%	1.1%	3.4%	4.5%

200億円以上	100億円以上	50億円以上	40億円以上	30億円以上	20億円以上	10億円以上	10億円未満	平均
13社	26社	30社	12社	10社	17社	12社	17社	415億円
7.3%	14.6%	16.9%	6.7%	5.6%	9.6%	6.7%	9.6%	

【総人員】（有効回答数：175社）

5万人以上	4万人以上	3万人以上	2万人以上	1万人以上	9千人以上	8千人以上	7千人以上	6千人以上	5千人以上	4千人以上	3千人以上
3社	1社	4社	2社	7社	3社	4社	3社	3社	6社	7社	7社
1.7%	0.6%	2.3%	1.1%	4.0%	1.7%	2.3%	1.7%	1.7%	3.4%	4.0%	4.0%

2千人以上	1千人以上	900人以上	800人以上	700人以上	600人以上	500人以上	400人以上	300人以上	200人以上	100人以上	100人未満	平均
11社	33社	3社	6社	6社	6社	7社	9社	9社	15社	10社	10社	5,111人
6.3%	18.9%	1.7%	3.4%	3.4%	3.4%	4.0%	5.1%	5.1%	8.6%	5.7%	5.7%	

【決算】（複数回答）（有効回答数：181社）

月次	四半期	半期	年次
61社	153社	33社	109社
33.7%	84.5%	18.2%	60.2%

【組織形態】（有効回答数：182社）

事業部（本部）制組織	職能別組織	マトリックス組織	カンパニー制	持株会社制	その他
123社	37社	10社	12社	12社	1社
67.6%	20.3%	5.5%	6.6%	6.6%	0.5%

【業務形態】（有効回答数：108社）

個別受注形態	見込生産主体	前二者の併用
42社	26社	40社
38.9%	24.1%	37.0%

〔Ⅱ〕 貴社の予算制度の基礎的事項に関する以下の質問について，該当する番号を○で囲んでください。また，必要な箇所については具体的な数字等をご回答ください。

Ⅱ－1 企業予算制度の有無についてお答えください。（有効回答数：184社）

あり	なし	中止
182社	2社	0社
98.9%	1.1%	0.0%

Ⅱ－2 予算委員会の有無について，次のうちいずれですか。（有効回答数：182社）

設置	他の機関が担当	機関を持たない
31社	126社	25社
17.0%	69.2%	13.7%

他の機関の名称　・経営委員会　・経営会議　・グループ経営委員会
　　　　　　　　・グループ統括会議　・経営執行会議　・財務委員会
　　　　　　　　・取締役会　・役員会　・部長会　・経営管理部企画課
　　　　　　　　・経営幹部会議　・経営計画会議　・MC　・MM会
　　　　　　　　・予算会議　・本部長会議　・経営企画部
　　　　　　　　・予算ヒアリング　・利益計画ヒアリング
　　　　　　　　・執行役員会　など

Ⅱ－3 長期経営計画（計画期間5年以上）についてお答えください。策定されている場合には計画期間をご記入ください。（有効回答数：181社）

策定している	策定していない	3年	5年	6年	9年	10年	11年	12年	平均
34社	147社	2社	16社	2社	2社	10社	1社	1社	
18.8%	81.2%	5.9%	47.1%	5.9%	5.9%	29.4%	2.9%	2.9%	7.0年

Ⅱ－4 中期経営計画（計画期間1年超5年未満）についてお答えください。策定されている場合には計画期間をご記入ください。（有効回答数：180社）

策定している	策定していない	1年	2年	3年	4年	5年	無回答	平均
157社	23社	1社	7社	135社	5社	6社	3社	
87.2%	12.8%	0.6%	4.5%	86.0%	3.2%	3.8%	1.9%	3.1年

Ⅱ-5 予算と中長期経営計画との関連についてお答えください。(有効回答数:164社)

予算編成の基礎	中長期経営計画の初年度分	中長期経営計画とは別個に編成
83社	54社	27社
50.6%	32.9%	16.5%

Ⅱ-6 短期利益計画(1年以内の期間の製造・販売などに関する大綱的計画)についてお答えください。策定されている場合には計画期間をご記入ください。(有効回答数:184社)

策定している	策定していない	1カ月	3カ月	4カ月	6カ月	12カ月	無回答	平均
126社	58社	11社	10社	1社	25社	73社	6社	
68.5%	31.5%	8.7%	7.9%	0.8%	19.8%	57.9%	4.8%	8.9カ月

Ⅱ-7 予算と短期利益計画との関連についてお答えください。(有効回答数:127社)

予算編成の基礎	短期利益計画を予算	短期利益計画とは別個に編成
45社	75社	7社
35.4%	59.1%	5.5%

Ⅱ-8 予算編成について,重視する目的を3つ以内で挙げてください。(有効回答数:184社)

所要の収益性の実現	財務安全性の確保	安定的な収支管理	資源配分の有効性の達成	新規事業務・新規事業開発の助成	所要の原価引下げ	所要の原価維持	個別業務の能率管理	個別業務活動の調和的達成	部門主管者の業績評価	部門成果の評価	その他
165社	53社	73社	65社	11社	44社	6社	7社	6社	12社	61社	5社
89.7%	28.8%	39.7%	35.3%	6.0%	23.9%	3.3%	3.8%	3.3%	6.5%	33.2%	2.7%

その他　・指標,ものさし　　・売上成長の達成　　・成長性の追求
　　　　・各部門が立てた計画を各部門がフォローするPDCAの充実
　　　　・経営方針の実現を図るための,経営目標の策定と目標を達成するための
　　　　　具体的諸活動の計画立案

(注) 「3つ以内」と回答数を指定した問いに対しての割合の計算は,有効回答数を基準に求めた。1992年調査・2002年調査とは集計方法が異なる。以下,同様の問いに対しての集計はこれと同じ方法で行った。

Ⅱ-9　予算編成方針は策定されていますか。（有効回答数：185社）

策定している	短期利益計画で代行	策定していない
134社	39社	12社
72.4%	21.1%	6.5%

Ⅱ-10　予算期間の基本単位はいずれですか。（有効回答数：185社）

1年	1年であるが実質6カ月	6カ月	3カ月	2カ月	1カ月	その他
118社	43社	18社	2社	0社	3社	1社
63.8%	23.2%	9.7%	1.1%	0.0%	1.6%	0.5%

Ⅱ-11　予算の最小期間は何カ月ですか。（有効回答数：184社）

6カ月	3カ月	2カ月	1カ月	なし
28社	20社	0社	126社	10社
15.2%	10.9%	0.0%	68.5%	5.4%

〔Ⅲ〕　貴社の予算編成に関する以下の質問について，該当する番号を〇で囲んでください。

Ⅲ-1　予算原案作成にあたり示達される環境条件的事項について，重視するものを3つ以内で挙げてください。（有効回答数：185社）

一般経済情勢	業界動向	競争企業動向	主要製品の販売予測	所要諸資源の価格動向	主要な中長期投資動向	重要な諸資源の需給動向	その他
132社	98社	28社	115社	70社	22社	37社	5社
71.4%	53.0%	15.1%	62.2%	37.8%	11.9%	20.0%	2.7%

その他　・子会社の業績動向　　・税制，法令の変更　　・顧客の需要
　　　　・主要原材料の相場　　・グループ企業内の投資計画，事業計画等

Ⅲ-2 予算編成方針について，重視するものを3つ以内で挙げてください。（有効回答数：185社）

全社的利益目標または収益目標	全社的事業方針	重要な諸資源調達・配分方針	主要な生産・販売等の業務方針	部門の利益目標・収益目標・原価目標	部門の業務執行の基本的方針	部門の個別業務の具体的方針	その他
176社	99社	30社	33社	125社	25社	4社	2社
95.1%	53.5%	16.2%	17.8%	67.6%	13.5%	2.2%	1.1%

その他　・工場部門の原価目標・生産性目標
　　　　・セグメントの利益目標・収益目標・原価目標

Ⅲ-3 予算編成方針策定の手順についてお答えください。（有効回答数：183社）

トップが具体的方針を提示し，予算事務担当部門が補整	トップが基本的方針を提示し，予算事務担当部門が具体的方針を作成	予算事務担当部門が原案を主導的に作成し，トップが承認	部門が方針原案を提示し，予算事務担当部門が調整の後，トップが承認	その他
15社	44社	60社	60社	4社
8.2%	24.0%	32.8%	32.8%	2.2%

その他　・トップが基本方針を提示し，部門が原案を作成，事務担当が調整，トップが承認。
　　　　・トップが基本的方針を提示し，部門が方針原案を提示し，予算事務担当部門がとりまとめトップに提示し，トップと見直方針を立て部門で見直して予算事務担当が調整の後，トップが承認している。
　　　　・トップが基本方針を提示し，それに基づく方針原案を部門が作成し，予算事務担当部門が調整の後，トップが承認している。
　　　　・②と④併用

Ⅲ-4 予算編成における以下の項目(1)～(3)について，部門の参加の程度をお答えください。

(1) 全社的目標・方針の設定（有効回答数：182社）

まったく消極的						きわめて積極的		
1	2	3	4	5	6	7	平均	4.40
5社	20社	20社	55社	32社	34社	16社	標準偏差	1.537
2.7%	11.0%	11.0%	30.2%	17.6%	18.7%	8.8%		

(2) 当該部門の目標・方針の設定（有効回答数：182社）

まったく消極的						きわめて積極的		
1	2	3	4	5	6	7	平均	5.65
1社	2社	3社	23社	42社	64社	47社	標準偏差	1.159
0.5%	1.1%	1.6%	12.6%	23.1%	35.2%	25.8%		

(3) 当該部門の予算原案の作成・修正（有効回答数：182社）

まったく消極的						きわめて積極的		
1	2	3	4	5	6	7	平均	5.72
1社	1社	2社	21社	40社	71社	46社	標準偏差	1.089
0.5%	0.5%	1.1%	11.5%	22.0%	39.0%	25.3%		

Ⅲ-5 予算原案作成上での部門の基本的目標について，重視するものを3つ以内で挙げてください。（有効回答数：184社）

売上高	売上高成長率	市場占有率	生産高	付加価値生産性	原価引下げ	目標原価の維持	売上高利益率
139社	19社	2社	11社	8社	39社	13社	96社
75.5%	10.3%	1.1%	6.0%	4.3%	21.2%	7.1%	52.2%
投資利益率（ROI）	資本利益率（ROE）	管理可能利益	本社費賦課後利益	社内金利控除後利益	残余利益	キャッシュフロー	その他
8社	9社	39社	52社	9社	4社	30社	18社
4.3%	4.9%	21.2%	28.3%	4.9%	2.2%	16.3%	9.8%

その他 ・売上数量 ・受注高（3社） ・コスト
・将来のコスト競争力向上のための研究開発 ・売上総利益，営業費
・営業利益（損益）（3社） ・経常利益 ・税引後利益
・利益の規模 ・本社費の社内金利配賦後利益 ・ROA
・ROA，DEレシオ ・RoEV（Return on Embedded Value）

（注） 欄外の「その他」におけるカッコ付き数字は，同一の回答をした企業数を示している（以下同様）。

Ⅲ-6 部門予算での基本的目標と業績評価基準との一貫性についてお答えください。（有効回答数：182社）

基本的目標を業績評価基準としている	基本的目標を業績評価基準としていない
144社	38社
79.1%	20.9%

Ⅲ-7　各部門で部門予算原案を作成していますか。(有効回答数：185社)

作成している	作成していない (トップダウン方式)
175社 94.6%	10社 5.4%

Ⅲ-8　各部門で部門予算原案を作成する場合，その手続についてお答えください。
　　　(有効回答数：174社)

予算編成方針に 従って作成	独自に作成	予算編成方針と部門 予算原案とを調整
76社 43.7%	12社 6.9%	86社 49.4%

Ⅲ-9　予算編成上，重大な障害と思う項目を3つ以内で挙げてください。(有効回答数：184社)

予算編成の意義に対する認識の欠如	円滑なコミュニケーションの欠如	予算の規範性に対する認識不足	所要の実績データ収集の困難性	環境変化予測の困難性	予算編成方針が不明確	編成の要費・手数	単年度計画志向の過大視	予算割当てのセクショナリズム	予算の弾力性に対する認識不足	現状是認的傾向を醸成	その他
51社 27.7%	35社 19.0%	13社 7.1%	21社 11.4%	136社 73.9%	7社 3.8%	51社 27.7%	30社 16.3%	19社 10.3%	22社 12.0%	24社 13.0%	4社 2.2%

　　　その他　・経済状況の不透明性
　　　　　　　・環境が大きく変化した場合の修正予算の是否等　　・特にない（2社）

〔Ⅳ〕当初予算の点検，修正に関する以下の質問について，該当する番号を○で囲んでください。

Ⅳ-1　当初予算の点検・修正についてお答えください。(有効回答数：182社)

1カ月ごとに点検・修正している	2カ月ごとに点検・修正している	3カ月ごとに点検・修正している	6カ月ごとに点検・修正している	予算と実績との著しい差異が生じると予測される時点	実際に予算と実績との著しい差異が生じた時点	原則として点検・修正はしていない
31社 17.0%	2社 1.1%	25社 13.7%	62社 34.1%	31社 17.0%	9社 4.9%	22社 12.1%

Ⅳ-2 予算修正上，重大な障害と思うものを3つ以内で挙げてください。（有効回答数：163社）

関係者説得の困難性	円滑なコミュニケーションの欠如	修正時期決断の困難性	所要の実績データ収集の困難性	環境変化予測の困難性	予算修正方針が不明確	修正に伴う費用・手数	変更による予算制度に対する不信感の醸成	軌道修正による実施済（決定済）事項の補正の困難性	その他
25社 15.3%	21社 12.9%	45社 27.6%	21社 12.9%	117社 71.8%	14社 8.6%	43社 26.4%	13社 8.0%	18社 11.0%	6社 3.7%

その他　・予算＝目標のため，修正は行っていない。業績予想修正の要否判定用で
　　　　　実績予測は作成するが障害は特に感じていない。
　　　　・業績予想との関連（影響）　・計画と経過実績とのタイムラグ
　　　　・社外公表等，当初の約束はまず守るという考え方
　　　　・予算の修正はしていない。　・特にない

Ⅳ-3 予算の弾力性保持のための採用施策について，重要なものを3つ以内で挙げてください。（有効回答数：180社）

実行予算の短期化	予算の適時点検・修正	特定費目を特定部署に一括設定	一定限度の臨時的予算外支出の容認	一定条件での予算の流用	予備費の設定	その他
25社 13.9%	130社 72.2%	24社 13.3%	59社 32.8%	35社 19.4%	46社 25.6%	2社 1.1%

その他　・稟議制度の活用

〔Ⅴ〕予算実績差異分析に関する以下の質問について，該当する番号を○で囲んでください。

Ⅴ-1 予算実績差異分析の実施頻度についてお答えください。（有効回答数：184社）

毎日	毎週	毎月	3カ月ごと	6カ月ごと	1年ごと	実施していない	その他
3社 1.6%	2社 1.1%	159社 86.4%	11社 6.0%	3社 1.6%	3社 1.6%	0社 0.0%	3社 1.6%

Ⅴ-2 予算実績差異分析の結果の利用目的について，重要なものを3つ以内で挙げてください。（有効回答数：183社）

差異の報告だけ	改善措置	予算編成等での資料	部門成果評価	部門主管者業績評価
67社	140社	49社	45社	16社
36.6%	76.5%	26.8%	24.6%	8.7%

Ⅴ-3 部門成果の業績評価結果の昇給等への反映の程度についてお答えください。

(1) 昇給（有効回答数：136社）

まったく反映していない←					→きわめて反映している			
1	2	3	4	5	6	7	平均	3.94
14社	17社	14社	31社	40社	18社	2社	標準偏差	1.581
10.3%	12.5%	10.3%	22.8%	29.4%	13.2%	1.5%		

(2) 賞与（有効回答数：136社）

まったく反映していない←					→きわめて反映している			
1	2	3	4	5	6	7	平均	4.85
9社	9社	3社	17社	45社	40社	13社	標準偏差	1.594
6.6%	6.6%	2.2%	12.5%	33.1%	29.4%	9.6%		

(3) 昇進（有効回答数：136社）

まったく反映していない←					→きわめて反映している			
1	2	3	4	5	6	7	平均	4.03
14社	10社	12社	36社	50社	14社	0社	標準偏差	1.450
10.3%	7.4%	8.8%	26.5%	36.8%	10.3%	0.0%		

(4) 部門の統廃合（有効回答数：134社）

まったく反映していない←					→きわめて反映している			
1	2	3	4	5	6	7	平均	3.64
16社	19社	15社	42社	32社	9社	1社	標準偏差	1.489
11.9%	14.2%	11.2%	31.3%	23.9%	6.7%	0.7%		

V－4 部門主管者の業績評価結果の昇給等への反映の程度についてお答えください。

(1) 昇給（有効回答数：122社）

まったく反映していない ←					→ きわめて反映している	
1	2	3	4	5	6	7
7社	12社	11社	27社	42社	20社	3社
5.7%	9.8%	9.0%	22.1%	34.4%	16.4%	2.5%

平均 4.29
標準偏差 1.469

(2) 賞与（有効回答数：121社）

まったく反映していない ←					→ きわめて反映している	
1	2	3	4	5	6	7
4社	6社	3社	18社	35社	40社	15社
3.3%	5.0%	2.5%	14.9%	28.9%	33.1%	12.4%

平均 5.10
標準偏差 1.434

(3) 昇進（有効回答数：122社）

まったく反映していない ←					→ きわめて反映している	
1	2	3	4	5	6	7
7社	7社	7社	38社	43社	18社	2社
5.7%	5.7%	5.7%	31.1%	35.2%	14.8%	1.6%

平均 4.35
標準偏差 1.336

V－5 予算実績差異分析結果の利用上の問題について，重視するものを3つ以内で挙げてください。（有効回答数：182社）

予算数値の信頼性が希薄	所要の実績データ収集の困難性	定性的評価との融合	差異分析技法が未成熟	差異の原因解明の困難性	改善措置の実施の困難性	差異責任追及の困難性	差異責任追及の有効性	分析のタイミング	分析とその利用での費用・手数	その他
54社	19社	51社	30社	68社	69社	38社	39社	30社	20社	4社
29.7%	10.4%	28.0%	16.5%	37.4%	37.9%	20.9%	21.4%	16.5%	11.0%	2.2%

その他 ・結果利用時に定性的評価と定量的評価の双方を加味する必要がある
・予算からビハインドした際のキャッチアップ
・基準となる予算数値が適正なものでないと予算実績差異分析をしても意味がない
・特にない

〔Ⅵ〕 貴社での予算制度の現状認識と改善策に関する以下の質問について，該当する番号を○で囲んでください。

Ⅵ-1 現在の予算制度の満足度についてお答えください。（有効回答数：183社）

まったく満足していない ←					→ きわめて満足している			
1	2	3	4	5	6	7	平均	4.01
2社	14社	37社	73社	42社	15社	0社	標準偏差	1.082
1.1%	7.7%	20.2%	39.9%	23.0%	8.2%	0.0%		

Ⅵ-2 予算制度の機能について，今後，重視するものを3つ以内で挙げてください。（有効回答数：184社）

全社的目標・方針の形成の助成	大綱的経営計画の実効化	個別経営計画の実効化	部門，職能，課題間の業務活動の調整・統合	部門の業務執行活動の事前牽制	部門の業務執行活動の誘導	部門責任者の業績審査	業務改善	構造改善	その他
124社	67社	76社	59社	21社	38社	7社	50社	33社	5社
67.4%	36.4%	41.3%	32.1%	11.4%	20.7%	3.8%	27.2%	17.9%	2.7%

その他　・グループ各社経営計画との整合性確保
　　　　・事業部門，セグメントの業績評価
　　　　・予算作業の効果化および早期化
　　　　・リスクの評価と対応
　　　　・事業計画と連動した部門ごとの財務戦略　CFの精度向上

Ⅵ-3 予算制度の有効性を高める方策について，重要なものを3つ以内で挙げてください。（有効回答数：184社）

トップの理解の深化	予算教育の充実	参加の拡大	管理者の努力	基本目標・方針の明確化	組織構造の改善	予測技法の精緻化・導入
42社	50社	9社	34社	99社	25社	41社
22.8%	27.2%	4.9%	18.5%	53.8%	13.6%	22.3%
計画技法の精緻化・導入	経営情報システムの改善	管理会計制度の充実	個別業務へのIT（個別業務システム）の活用	IT（統合業務システム・ERP）の活用	IT（SCM, CRM）の活用	その他
26社	38社	70社	5社	31社	0社	2社
14.1%	20.7%	38.0%	2.7%	16.8%	0.0%	1.1%

その他　・実績からのフィードバックによる精度向上，環境認識の共有化と計画予算への反映
　　　　・必達計画としての予算管理の強化

〔Ⅶ〕 貴社の情報システムの活用に関する以下の質問について、該当する番号を○で囲んでください。

Ⅶ－1 統合業務システム（ERP）を導入していますか。（有効回答数：184社）

現在、導入している	近い将来導入することを検討中	将来も導入する予定はない	導入していたが中止した
77社	39社	68社	0社
41.8%	21.2%	37.0%	0.0%

Ⅶ－2 短期利益計画策定および予算管理にあたっての統合業務システム（ERP）の活用についてお答えください。（複数回答可）（有効回答数：76社）

短期利益計画策定に活用	予算編成に活用	予算差異分析に活用	活用していない
26社	48社	62社	8社
34.2%	63.2%	81.6%	10.5%

Ⅶ－3 統合業務システム（ERP）の導入によって得られた予算管理上のメリットとして、重視しているものを3つ以内で挙げてください。（有効回答数：73社）

予算編成について現場の協力が得やすくなった	予算数値の信頼性の向上	予算執行にあたっての障害要因の減少	予算目標の示達に関して現場部門の参加意欲の増大	予算の点検・修正の行いやすさ	予算修正における障害要因の減少	差異分析の原因解明に要する時間の減少	改善措置の設定の容易さ	差異分析の障害要因の減少	成果主義制度への信頼性の高まり	その他
7社	24社	5社	3社	33社	6社	44社	12社	18社	1社	4社
9.6%	32.9%	6.8%	4.1%	45.2%	8.2%	60.3%	16.4%	24.7%	1.4%	5.5%

その他 ・特になし（3社）
・予算としての利用が十分でないため、評価不能。現在、改善実施し、次年度予算から利用予定。

〔Ⅷ〕 貴社の活動基準原価計算（ABC），活動基準管理（ABM），活動基準予算（ABB），バランスト・スコアカード（BSC）に関する以下の質問について，該当する番号を○で囲んでください。

Ⅷ-1　ABCを導入していますか。（有効回答数：177社）

現在，導入している	近い将来に導入することを検討中	将来も導入する予定はない	導入していたが中止した
15社	7社	152社	3社
8.5%	4.0%	85.9%	1.7%

Ⅷ-2　ABMを導入していますか。（有効回答数：175社）

現在，導入している	近い将来に導入することを検討中	将来も導入する予定はない	導入していたが中止した
7社	8社	158社	2社
4.0%	4.6%	90.3%	1.1%

Ⅷ-3　ABBを導入していますか。（有効回答数：175社）

現在，導入している	近い将来に導入することを検討中	将来も導入する予定はない	導入していたが中止した
8社	8社	158社	1社
4.6%	4.6%	90.3%	0.6%

Ⅷ-4　BSCを導入していますか。（有効回答数：177社）

現在，導入している	近い将来に導入することを検討中	将来も導入する予定はない	導入していたが中止した
14社	13社	145社	5社
7.9%	7.3%	81.9%	2.8%

Ⅷ-5　BSCと予算制度の関係についてお答えください。（有効回答数：14社）

BSCを予算に反映させている	BSCを予算に反映させていない
8社	6社
57.1%	42.9%

〔Ⅸ〕 貴社の連結経営（連結ベースのグループ予算編成）に関する以下の質問について，該当する番号を○で囲んでください。

Ⅸ－1　子会社・関連会社を含めた連結ベースのグループ予算を作成していますか。
（有効回答数：182社）

現在，作成している	近い将来に作成することを検討中	将来も作成する予定はない	作成していたが中止した
141社	16社	24社	1社
77.5%	8.8%	13.2%	0.5%

Ⅸ－2　子会社・関連会社を含めた連結ベースの短期利益計画を作成していますか。
（有効回答数：182社）

現在，作成している	近い将来に作成することを検討中	将来も作成する予定はない	作成していたが中止した
131社	15社	36社	0社
72.0%	8.2%	19.8%	0.0%

Ⅸ－3　子会社・関連会社を含めた連結ベースのCF計画（見積キャッシュフロー計算書）を作成していますか。（有効回答数：182社）

現在，作成している	近い将来に作成することを検討中	将来も作成する予定はない	作成していたが中止した
70社	42社	67社	3社
38.5%	23.1%	36.8%	1.6%

［参考文献］

Hope, Jeremy and Robin Fraser（2003），*Beyond Budgeting, How Managers Can Break Free from the Annual Performance Trap*. Harvard Business School Press.（清水孝監訳（2004）『脱予算経営』生産性出版）

Rigby, D.（2003），*Management Tools 2003*, Bain & Company.

青木章通・櫻井通晴（2003）「戦略，業績評価および経営品質に関する日本企業の経営行動：バランスト・スコアカードに関する郵送調査の分析」『東京経大学会誌（経営学）』第236号，111-132頁。

安達和夫（1992）「わが国企業における期間予算制度管見」『産業経理』Vol.52 No.3，131-142頁。

飯島康道・坂口博・広原雄二・三木僚祐（2014）「わが国企業予算制度の実態（平成24年度）・5　わが国企業の予算管理への新技法の導入実態― ABC，ABM，ABB，BSC の普及状況―」『産業経理』Vol.74 No.1，129-147頁。

市野初芳・井上博文・大槻晴海・山田庫平（2013）「わが国企業予算制度の実態（平成24年度）・2　企業予算制度の基礎的事項に関する分析」『産業經理』Vol.73 No.2，199-225頁。

一般財団法人産業経理協会（2016）『わが国企業における予算制度の実態調査報告書（2012年11月実施）』一般財団法人産業経理協会。

稲田将人（2016）『PDCA プロフェッショナル　トヨタの現場×マッキンゼーの企画＝最強の実践力』。

大槻晴海・長屋信義・平井裕久・三木僚祐（2013）「わが国企業予算制度の実態（平成24年度）・1　アンケート調査の集計結果とその鳥瞰的分析」『産業経理』Vol.73 No1，154-176頁。

岡本清・廣本敏郎・尾畑裕・挽文子（2003）『管理会計』中央経済社。

乙政佐吉（2003）「わが国企業における業績評価指標の利用方法に関する研究：バランス・スコアカードとの比較において」『六甲大論集（経営学編）』第49巻第4号，29-54頁。

小林健吾（1996）『体系　予算管理』東京経済情報出版。

小林啓孝・伊藤嘉博・清水孝・長谷川惠一（2009），『スタンダード管理会計』東洋経済新報社。

坂口博（1993）「経営環境の激変と製造企業の予算制度の動向―わが国製造企業予算制度実態調査をもとにして―」『城西大学経済経営紀要』第12巻第1号，1-40頁。

坂口博・飯島康道・市野初芳・平井裕久（2004）「わが国企業予算制度の実態（平成14年度）・5　企業予算管理の新たな潮流― IT 化・連結経営時代の企業予算

制度─」『産業經理』Vol.64 No.1，127-140頁。
﨑章浩・井上博文・広原雄二・成松恭平（2003）「わが国企業予算制度の実態（平成14年度）・3　予算編成に関する分析」『産業經理』Vol.63 No.3，118-134頁。
櫻井通晴（1992）「わが国原価管理の実態─CIM企業の実態調査分析─」『産業經理』第52巻第3号，21-31頁。
櫻井通晴（2015）『管理会計〔第六版〕』，同文舘出版。
高橋史安（2005）「わが国における原価管理の方法─1994年と2002年のアンケート調査を踏まえて─」『経理研究』第48号，49-79頁。
長屋信義・建部宏明・吉村聡・山浦裕幸・小田康治（2004）「わが国企業予算制度の実態（平成14年度）・4　予算実績差異分析の実際と予算制度の問題点」『産業經理』Vo.63 No.4，116-128頁。
日本会計研究学会特別委員会（1999）『ABCとABMの理論および実践の研究』日本会計研究学会特別委員会最終報告書。
日本管理会計学会・予算管理専門委員会（2005）『わが国企業における予算制度の実態調査報告書（2002年11月実施）』産業經理協会。
日本大学商学部会計学研究所（1996）「原価計算実践の総合データベース構築」『会計学研究』第8号・第9号。
日本大学商学部会計学研究所（2004）「原価計算実践の総合データベース構築」『会計学研究』第17号。
平井裕久・小田康治・﨑章浩・成松恭平（2013）「わが国企業予算制度の実態（平成24年度）・3　予算編成に関する分析」『産業經理』Vol.73 No.3，192-205頁。
福田哲也（2005）「業績評価およびバランスド・スコアカード導入の実態調査」『関東学院大学経済経営研究所年報』第27集，111-130頁。
松原恭司郎（2003）「日本企業におけるBSC導入の概況」『企業会計』第55巻第5号，54-59頁。
三木僚祐・枡田弥久・鈴木研一（2003）「わが国企業予算制度の実態（平成14年度）・1　アンケート調査の集計結果とその鳥瞰的分析」『産業經理』Vol.63 No.1，154-176頁。
森口毅彦（2010）「わが国企業におけるバランスト・スコアカードの導入目的と役割期待─バランスト・スコアカードの導入実態に関する調査研究─」『経理研究』第53号，126-141頁。
森口毅彦（2012）「わが国企業における戦略マネジメント・システムと目標管理制度の機能」『富大経済論集』第57巻第3号，45-88頁。
森沢徹・宮田久也・黒崎浩（2005）『バランス・スコアカードの経営』日本経済新聞社。
山田庫平・鈴木研一・山下裕企・大槻晴海・三木僚祐（2003）「わが国企業予算制度の実態（平成14年度）・2　企業予算制度の基礎的事項に関する分析─予算編

成目的,経営計画,予算委員会,予算期間等―」『産業經理』Vol.63 No.2，120-135頁。

山本浩二・小倉昇・尾畑裕・小菅正伸・中村博之(2013)『スタンダードテキスト管理会計論(第2版)』中央経済社。

吉田栄介・福島一矩・妹尾剛好(2012)『日本的管理会計の探求』中央経済社。

吉村聡・建部宏明・長屋信義・山浦裕幸(2014)「わが国企業予算制度の実態(平成24年度)・4　予算実績差異分析の実際と予算制度の問題点」『産業經理』Vol.73 No.4，135-152頁。

吉田弥雄(1971)『予算管理』同文舘出版。

日本企業の予算管理の実態

2018年2月10日　第1版第1刷発行

編　者　企業予算制度研究会
発行者　山　本　　　継
発行所　㈱中央経済社
発売元　㈱中央経済グループ
　　　　パブリッシング

〒101-0051　東京都千代田区神田神保町1-31-2
電　話　03(3293)3371(編集代表)
　　　　03(3293)3381(営業代表)
http://www.chuokeizai.co.jp/
印刷／東光整版印刷㈱
製本／㈲井上製本所

© 2018
Printed in Japan

＊頁の「欠落」や「順序違い」などがありましたらお取り替えいたしますので発売元までご送付ください。(送料小社負担)

ISBN 978-4-502-25201-3　C3034

JCOPY〈出版者著作権管理機構委託出版物〉本書を無断で複写複製(コピー)することは,著作権法上の例外を除き,禁じられています。本書をコピーされる場合は事前に出版者著作権管理機構(JCOPY)の許諾を受けてください。
　JCOPY〈http://www.jcopy.or.jp　eメール：info@jcopy.or.jp　電話：03-3513-6969〉

会計と会計学の到達点を理論的に総括し、
現時点での成果を将来に引き継ぐ

体系現代会計学 全12巻

■総編集者■
斎藤静樹(主幹)・安藤英義・伊藤邦雄・大塚宗春
北村敬子・谷　武幸・平松一夫

■各巻書名および責任編集者■

第1巻	企業会計の基礎概念	斎藤静樹・德賀芳弘
第2巻	企業会計の計算構造	北村敬子・新田忠誓・柴　健次
第3巻	会計情報の有用性	伊藤邦雄・桜井久勝
第4巻	会計基準のコンバージェンス	平松一夫・辻山栄子
第5巻	企業会計と法制度	安藤英義・古賀智敏・田中建二
第6巻	財務報告のフロンティア	広瀬義州・藤井秀樹
第7巻	会計監査と企業統治	千代田邦夫・鳥羽至英
第8巻	会計と会計学の歴史	千葉準一・中野常男
第9巻	政府と非営利組織の会計	大塚宗春・黒川行治
第10巻	業績管理会計	谷　武幸・小林啓孝・小倉　昇
第11巻	戦略管理会計	淺田孝幸・伊藤嘉博
第12巻	日本企業の管理会計システム	廣本敏郎・加登　豊・岡野　浩

中央経済社